LES GENS QUI S'AIMENT ONT LEURS SECRETS

LES GENS QUI S'AIMENT ONT LEURS SECRETS

7 clés puissantes pour réparer (enfin) son cœur et aimer pleinement

Le lotus & l'éléphant

58, rue Jean-Bleuzen – 92178 Vanves cedex

support@lelotusetlelephant.com

Préparation de copie et relecture : Clémentine Sanchez
Illustrations : p. 32, p. 49 et p. 141 © Nicolas Galkowski
Fabrication : Anne-Laure Soyez

Dépôt légal : avril 2025
ISBN : 978-2-01-727988-4/01
42-8432-3

Achevé d'imprimer en mars 2025 en Espagne

Pour l'éditeur, le principe est d'utiliser des papiers composés de fibres naturelles, renouvelables, recyclables et fabriqués à partir de bois issus de forêts qui adoptent un système d'aménagement durable.
En outre, l'éditeur attend de ses fournisseurs de papier qu'ils s'inscrivent dans une démarche de certification environnementale reconnue.

PAPIER À BASE DE FIBRES CERTIFIÉES

hachette s'engage pour l'environnement en réduisant l'empreinte carbone de ses livres. Celle de cet exemplaire est de :
300 g éq. CO_2
Rendez-vous sur www.hachette-durable.fr

« L'écriture, c'est le cœur qui éclate en silence. »
Christian Bobin

À mon père et ma mère.
Qui m'ont aimée de leur mieux avec ce qu'ils ont vécu.
À mes filles.
De toutes mes sources d'inspiration et de joie, ce sont de loin les plus belles.
À leur papa.
Car je ne pouvais pas en rêver de meilleur pour elles.
À mes amis fabuleux et mes clients merveilleux.
Qui donnent du sens et de la profondeur à mon existence et nourrissent chaque jour ma gratitude.
À Agathe et Séverine.
Leur élan, leur confiance et leur enthousiasme ont rendu ce livre réel.
À tous les humains qui avancent sur le chemin de l'amour inconditionnel.
Nous sommes tous précieux, nous soutenir est essentiel.
Et enfin, à la Moi d'hier.
Merci d'avoir tenu le coup.

Sommaire

Introduction

Depuis plusieurs années, j'écris et je partage des réflexions sur les relations humaines sur les réseaux sociaux.
Écrire un livre est d'un tout autre niveau.
Et à l'idée de le publier, je suis même plutôt terrifiée.
Car je voulais partager un ouvrage avec lequel je me sente pleinement alignée.
Et pour cela, il m'a fallu ouvrir mon cœur et raconter ici mon histoire.
En coucher des extraits, noir sur blanc, sur du papier.
Les offrir à vos yeux, avec vulnérabilité.
Des livres de développement personnel, j'en ai lu.
Plein. Plusieurs centaines.
Et ceux qui m'ont aidée, ce sont ceux qui étaient sincères. Écrits par des gens qui avaient concrètement avancé sur le chemin, dans leur « vraie vie » et non dans leurs fantasmes ou dans des tonnes de diplômes et de concepts sans fin.
Mon intention est donc de proposer ici des vécus réels, bruts et sans apparats, accompagnés d'un éclairage singulier et d'outils concrets de transformation, pour celles

et ceux qui explorent et cherchent le chemin de leur liberté.
Ces humains merveilleux, désireux de toujours mieux (s')aimer.
Un club fantastique, dont je crois bien faire partie.

Nos cœurs sont à nos vies ce que ses ailes sont à l'albatros.

Géants, encombrants et si souvent maladroits. Aussi forts que fragiles, ils nous empêchent parfois de voler et de nous sentir aussi libres qu'on le voudrait.
Puis, lorsqu'ils parviennent à décoller, ils sont capables de découvertes et d'explorations fabuleuses dont ils profitent avec délice, tout en délivrant généreusement plusieurs générations.
Je n'ai aucune vocation à donner des conseils. À qui que ce soit. Encore moins des leçons.
Je ne suis pas meilleure qu'une autre. J'apprends chaque jour encore, de multiples façons.
C'est la raison principale pour laquelle je m'emploie à écrire à la première personne, du pluriel comme du singulier.
Je mesure cependant l'immense écart de sérénité et de liberté qu'il y a dans mon cœur aujourd'hui, par rapport à ce que je traversais il y a quelques années.
Aussi, si me mettre à nu et raconter ce qui m'a délivrée peut permettre à des humains extraordinaires, bloqués dans la souffrance, de libérer eux aussi leur cœur, alors je suis prête à le faire.
Même si j'ai peur.
Car elle est là, ma passion.
M'émerveiller de regarder des personnes commencer à s'aimer enfin. Pour de vrai. Juste pour **qui** elles sont.

Et me réjouir d'avoir pu y contribuer, même très légèrement, d'une certaine façon.
Mais qui suis-je, au fond, pour avoir autant de prétention ?
Je m'appelle Sarah.
Jane est mon second prénom.
À l'heure où j'écris, j'ai 40 ans et je suis épanouie. Mais il n'en a pas toujours été ainsi.
Après une enfance éreintante à lutter entre l'envie d'être transparente et l'envie de briller, j'ai sans conscience choisi d'exercer le métier que méprisait le plus ma mère et je suis devenue banquier.
J'adorais créer du lien avec des humains et les accompagner à mettre du sens dans l'une des relations les plus intimes que nous ayons : la relation à l'argent.
Cependant, alors que je dédiais la totalité de mon énergie à ma carrière dans l'espoir inconscient de susciter l'admiration de mon père, j'ai commencé à m'éloigner de plus en plus de moi-même.
Je croyais tout savoir, mais je n'avais rien compris.
J'avais le goût de l'ambition, mais pas celui du défi.
Pour le dire simplement, je subissais la vie.
Je cherchais le salut de mon cœur éteint.
Pensant qu'en brillant plus fort, il serait mieux étreint.
Je pensais trouver l'amour dans la reconnaissance des autres, dans les titres, dans les classements…
… Et dans tout ce que je croyais pouvoir « gagner » avec encore plus d'efforts.
Puis ce que je redoutais le plus au monde est arrivé.
Mon père est mort.
J'avais 25 ans.
Au lieu d'ouvrir une porte en moi pour chercher du sens à mon chagrin, j'ai fait ce que je faisais déjà très bien.

J'ai fui.
Je me suis construit une armure en titane.
J'ai bloqué mes émotions, j'ai enfoui mon âme.
Pendant des années, j'ai perdu mes menstruations, mes larmes... et ma capacité d'aimer.
Je ne vous raconte pas cela pour que vous preniez pitié.
Bien au contraire.
Aujourd'hui j'ai quitté mon enfer et j'ai brisé mes freins.
J'ai un métier juste et sain : j'accompagne d'autres humains à le faire.
Cependant, la première leçon que je retiens est claire.
Si nous cherchons à devenir meilleurs, ne confondons pas la gloire et la lumière.
La liberté naît de l'intérieur.
Elle n'est pas un trophée qui s'acquiert.
Pendant de longues années, mon cœur a subi les erreurs de mon esprit orgueilleux et a vécu de douloureuses expériences.
Il a connu des cascades de passion entremêlée de dépendance, des tensions harassantes branchées sur un contrôle intense et des sécheresses arides où les émotions étaient mises en quarantaine, comme technique de défense.
Mes relations intimes, amicales et hiérarchiques ont été le reflet du parcours, laborieux et souvent douloureux, qui m'a permis de me (re)trouver.
Aussi, ce livre relate les différentes épreuves que rencontre un cœur qui chemine vers sa liberté au travers des relations qu'il tisse et qui en émettent les reflets.
D'épreuve en épreuve, nous sortons, chacun d'entre nous à un rythme différent, des relations toxiques.

Dans le but ultime et profond de rejoindre la relation vraie.
Et de permettre à notre cœur de vibrer l'amour.
Toute relation vraie et libre n'est possible, dans ma vision du monde, que pour celui qui a décidé de s'aimer et d'apprivoiser les blessures qu'il porte en lui pour ne plus les laisser le contrôler.
Certains d'entre nous vivront certaines épreuves plusieurs fois.
En fonction de la « prise » de conscience que leur cœur en fera et de la confiance qu'ils seront prêts à mettre en leur valeur et en la vie.
Certains d'entre nous ne traverseront que certaines épreuves car d'autres leur seront épargnées.
En fonction de leur vécu passé et de leurs avancées.

Ce livre contient des éléments **concrets** et pratiques pour sortir des épreuves rencontrées avec **le plus de rapidité et d'écologie possible**, sans pour autant priver de l'enseignement que chaque obstacle ou douleur délivre, à sa manière.
Il propose une danse de réflexions entre notre rapport à l'autre et notre rapport à nous-mêmes.
Une danse qui sera parfois dense.
Car parfois ce que l'on pense panse notre blessure.
Parfois, au contraire, ce que l'on croit augmente notre torture.
Je tâcherai, dans chaque chapitre, d'apporter des clés de compréhension afin de mieux distinguer nos élans et nos décisions de nos réactions.
Nos élans et nos choix viennent souvent de nos cerveaux rationnels et instinctifs. Quand nous sommes connectés à nos valeurs profondes et à notre créativité.

Nos réactions, en revanche, sont liées aux émotions qui s'invitent en nous et nous font « réagir ». La racine du mot « émotion » venant de *ex movere*, à savoir « mouvement vers l'extérieur ».
Je partagerai donc aussi les secrets que j'ai découverts, qui permettent de mieux comprendre ces fameuses émotions.
Émotions qui nous semblent être provoquées par l'autre ou la situation, alors qu'elles ne sont bien souvent que l'écho à nos histoires internes, que ces dernières soient vécues ou héritées.
Enfin, au fil des épreuves, je livrerai avec humilité et intimité certaines parties de mon histoire personnelle. Racontées telles que ma mémoire a bien voulu les conserver.
Quelques chapitres contiennent aussi des références à certains de mes clients, les noms ayant bien entendu été modifiés.
Car chaque vie est unique, cependant je sais combien l'exemple permet aux cerveaux atypiques de mieux comprendre et, surtout, de mieux s'approprier ce qui leur est proposé.

À présent, entrons ensemble dans le **labyrinthe du cœur**. Allons à la rencontre de ces épreuves pour avancer vers la **liberté**.
À l'instar des jeux vidéo, nous aurons parfois à repasser les épreuves que nous n'avons pas bien comprises.
Cependant, si l'expérience des autres est souvent un peigne pour les chauves, il est des épreuves où la connaissance d'outils nous sera d'un grand secours.

INTRODUCTION

La seule intention de ce livre étant de nous permettre, aussi souvent que possible, de gagner du temps.
Du temps à mettre au profit d'expériences heureuses et épanouies.
Car, à la différence des jeux vidéo, nous n'avons qu'une seule vie.

CHAPITRE 1

L'épreuve du cœur aveuglé ou la relation fantasmée

« Il existe un autre monde,
il est dans celui-ci. »

Paul Éluard

Nietzsche disait que ceux qui dansent sont pris pour des fous par ceux qui n'entendent pas la musique.

Quand j'ai rencontré Tyson, j'avais seize ans. C'était dans le salon de mes grands-parents.

Il vivait aux États-Unis, il était en voyage en France en famille et son beau-père avait fait un détour pour saluer mon grand-père.

En quelques heures, je me suis crue dans un poème d'Éluard. La courbe de ses yeux épousait celle de mon cœur.

Il n'y avait pas de hasard. Et le rendez-vous semblait délicieux.

Le soir même, nous nous apprivoisions dans mon petit lit d'enfant, ma mère feignant un sommeil profond dans la chambre d'à côté.

Pendant plusieurs mois, nous nous sommes écrits quotidiennement malgré les dix heures de décalage horaire, notre jeune âge et la différence de langue qui aurait pu faire barrière.
Des fax. Parce que les portables n'existaient pas encore. Les e-mails non plus.
Ce détail ne me rajeunit pas mais souligne la voracité de nos cœurs pour cette relation qui nous semblait être, à lui comme à moi, de l'amour éperdu.
Cette sensation de papillons, certains d'entre vous l'ont certainement connue.
Leurs ailes battent en nous et nous nous sentons complètement fous.
Fous de l'autre.
Nous pensons à nos derniers mots, nous nous en échangeons de nouveaux.
Nous croyons que rien n'est plus beau.
Dans l'épreuve de ce que certains appellent le « coup de foudre », nous pensons parfois avoir rencontré notre *âme sœur*.
Toute notre énergie semble provenir de cette nouvelle relation.
Nous ne savons pas comment nous avons fait pour vivre heureux avant.
Le monde qui nous entoure devient plus beau, plus doux, mais aussi plus inconsistant.
Malgré nous, nous nous éloignons de nos proches pour mettre tout notre temps et toute notre attention sur cette personne que nous ne connaissions pas (ou pas ainsi) auparavant.
J'aimerais pouvoir dire à ceux qui le vivent qu'ils sont arrivés à l'étape ultime, à l'épreuve de « l'amour

merveille », et que leur cœur connaîtra un bonheur éternel et radieux.
Malheureusement, ces sensations de connexion intenses et rapides sont liées aux énergies de deux blessures qui se rencontrent.
Elles vibrent l'une pour l'autre. Ou l'une dans l'autre.
Et cet amour est, même si les apparences ne le révèlent que quelques semaines, mois ou années plus tard, attaché à de multiples « conditions ».
Dans cette relation fantasmée, le cœur est aveugle. Il cherche tout ce qui, lorsqu'il était enfant, lui a été raconté. Les contes de fées, le prince charmant, les milliers d'enfants et le bonheur jusqu'à la fin des temps.
Il cherche aussi, et surtout, tout ce qu'il a, dans le lien immanquablement dysfonctionnel construit au parent que nous avons eu, assimilé à l'amour inconditionnel.
Alors nous ne voulons rien savoir.
Nous nous évertuons à croire. Pour maintenir ce rêve éveillé.
Ce fantasme de la complétude retrouvée. C'est la fusion.

Comment reconnaître cette épreuve ?

Nous nous pensons amoureux alors qu'en réalité, nous nous connaissons à peine.
Si on revenait à la raison un instant…
Nous avons en face quelqu'un qui ne sait absolument rien de QUI nous sommes.
Il ou elle ne connaît pas notre vécu, nos goûts, nos rêves ni même nos idéaux.

Il ou elle ne connaît pas nos cicatrices, nos peurs enfouies ni même nos pires défauts.
Et réciproquement.
Pourtant nous serions prêts à traverser le monde entier pour quelques secondes à ses côtés.
Nous avons confiance en elle ou lui spontanément.
Où sont donc passés nos neurones et notre sens de l'orientation ?
Allons bon.
Pensez-vous sincèrement que l'amour est aveugle ?
C'est certes un long débat. Pour autant, le cœur (c'est le cas de le dire) du sujet est bien là.
Si, dans cette épreuve, l'amour est aveugle, le cœur accepte alors n'importe quoi.
Il est téléguidé par ce vide abyssal qu'il souhaite remplir.
Il va alors percuter, par vibration, un autre cœur qui cherche à combler ce trou en lui.
D'une manière que je trouve disgracieuse mais qui reste malheureusement assez pertinente, certains psychanalystes décrivent le « coup de foudre » comme la rencontre de deux dépressions enfouies.
Si toutes nos relations reposent sur nos névroses, il s'agit là d'une union particulièrement bancale ou tout du moins reposant sur des fondations peu réjouissantes.
Si j'en reviens à mon histoire d'ado, j'étais mal dans ma peau.
Tyson l'était aussi, à son niveau.
J'avais besoin de m'échapper de ma vie, de mon corps, de l'enfer qui me consommait.
Il a été ma bouée, ma mire, mon réconfort.
Ce n'était pas de l'amour, c'était un sauvetage mutuel complètement désorganisé.

Lorsque je suis allée le voir en Californie quelques mois après notre rencontre, la magie s'était évaporée.
Je me demandais qui était ce mec boutonneux qui m'avait tellement subjuguée.
Mais je voulais m'accrocher aux souvenirs passés. À cette sensation dans le ventre que je croyais devoir écouter.
Heureusement, il a mis fin à notre histoire avec beaucoup de dextérité.

Quels sont les pires dangers de cette épreuve ?

Parfois, cette cécité se transforme en déni. Nous voyons que nous nous sommes fourvoyés.
Que l'amour n'a rien à voir avec ce que nous vivons.
Mais l'orgueil nous empêche de le reconnaître.
L'orgueil... ou la blessure qui crie.
Si notre blessure d'abandon est active, alors nous nous cramponnerons à cet autre comme l'ultime sauveur de nos douleurs. Nous verrons dans cette relation le Doliprane de nos maux et nous ferons tout pour rester aveugles le plus longtemps possible.
(Celles et ceux qui l'ont lue penseront bien entendu à la métaphore de la caverne de Platon...)
La relation nous amènera alors directement vers l'épreuve du cœur dépendant.
Si d'autres blessures se réveillent, comme celle de l'humiliation ou du rejet, nous resterons malgré nous dans cette histoire, qui jour après jour perdra de plus en plus de goût.

Il s'agira alors de sortir de la nouvelle épreuve et, pour cela, rendez-vous dans les chapitres ci-après.

Mais, parfois, le cœur n'entrera pas directement dans une autre épreuve et restera coincé là.

L'une des pires souffrances de l'épreuve se déclare en effet quand, une fois la fusion consommée et la relation achevée, l'un des deux continue de *croire* qu'il *aimait vraiment* l'autre.

Car, un matin, sans que nous nous y attendions jamais, l'un des deux va décider de se « réveiller ».

Soit parce que la relation ne suffit plus à apaiser sa blessure (et qu'il ira chercher autre chose autrement), soit parce qu'il a commencé à la « panser » et se met à penser et à chercher le vrai.

Lorsque ce « réveil » est plus ou moins simultané ou tout du moins partagé des deux côtés, chacun continuera son chemin. Séparément.

Malheureusement, parfois, ce réveil ne se produit que d'un côté.

Celui qui subit le réveil de l'autre va alors vivre la rupture comme la pire des tortures.

Pourquoi ?

Parce que le cœur aveuglé est persuadé que l'autre le rend complet.

On entend parfois l'expression « ma moitié ».

Le cœur quitté s'imagine alors qu'il ne peut plus battre sans l'autre.

Le danger est de voir alors le cœur s'enliser dans la rancœur et le passé.

Plus rien n'a de saveur. Seule cette histoire fusionnelle semblait digne d'être vécue.

À quoi bon vivre, désormais ?
La dépression étouffée et camouflée par la relation fantasmée se met à s'exprimer de manière terrifiante.
Dans certaines situations, le cœur enchaînera avec une autre relation et vivra une autre épreuve (ou la même avec un autre humain blessé).
L'urgent est, quoi qu'il en coûte, de quitter ce puits de tristesse sans fond qui risquerait d'engloutir toute ambition d'aimer différemment.

Comment sortir plus vite de cette épreuve ?

Au firmament de l'épreuve, aucun cœur n'aura envie d'en sortir. Trop heureux de se croire arrivé au Paradis des cœurs accomplis.
Si certains de ses amis l'alertent, il les reléguera un par un au rang de jaloux, d'ignorants ou même d'ennemis.
Peut-être, en lisant ces lignes, ces signaux leur évoqueront le monde social qu'ils côtoient en dehors de cette relation fantasmée.
Les *« on ne te voit plus »* en provenance de l'entourage souvent désemparé.
Les *« vous avez le droit de vous décoller »* émis par les passants ou autres spectateurs de vos vies entrelacées.
Celles et ceux qui sont en plein dans cette relation aveuglante nous enverront bouler, moi et mes histoires. Exactement comme ils l'ont probablement déjà fait avec tous ceux qui les entourent, sans même s'en apercevoir.
Après tout, qui sommes-nous pour avoir raison ?

Nous ne sommes que des imbéciles rabat-joie, qui les envient très certainement.
D'une certaine manière, c'est le cas.
Ceux qui se plaignent que cette relation-fusion les gêne ou qui tentent inlassablement de les en extraire souffrent d'un manque de joie ou de passion dans leur vie, d'une certaine façon.
Car nous reprochons souvent aux autres d'avoir ce qui nous manque tant à nous.
Cependant, certains proches attendront. Dans le silence et l'absence que ces amoureux passionnés leur imposent, malgré eux.
Une de mes proches a plusieurs fois fait l'expérience de cette épreuve. Chaque fois je me suis gardée d'émettre la moindre alerte.
D'une part parce que l'humilité de celui qui chemine dans sa propre histoire l'amène à considérer ceux qu'il aime responsables de la leur, et d'autre part parce que les rares fois où j'ai commis un écart et partagé mon opinion non sollicitée à son égard, elle m'a remise à ma place avec une vigueur qui frôlait la méchanceté.
En effet, il est impossible de protéger ceux que nous aimons des épreuves qu'ils ont à vivre.
Cela ne nous empêche pas de le désirer.
Aussi, lorsque nous sommes dans une épreuve, certains amis ou proches chercheront parfois, par amour et avec une infinie maladresse, à nous alerter pour nous éviter les douleurs qu'ils ont eux-mêmes vécues.
Ou tenteront simplement de garder le lien avec nous quand, à cause de cette relation fantasmée, ils ne nous voient plus.

Trop aveugles pour le concevoir et encore moins pour les remercier, nous pourrions être tentés de les repousser.
Nous nous priverions alors de relations saines par orgueil et préjugés.
S'il demeure impossible de leur donner raison quand nous sommes au cœur de l'épreuve, tâchons au moins de préserver le lien, même de loin.
Car leur amitié et leur amour nous seront, à un moment ou à un autre, d'un précieux soutien.
En effet, si l'épreuve se transforme en ouragan de douleur parce que la relation s'achève malgré nous, il va alors falloir réparer son cœur pour qu'il puisse avancer vers la prochaine relation.
Lorsque certains de mes clients ont encore les stigmates de cette épreuve, j'enclenche une guérison accélérée par l'hypnose en remontant dans le passé.
Si vous cherchez à expérimenter cela seul par l'autohypnose ou la méditation, je vous invite à descendre dans votre cœur à la rencontre de toutes les versions de vous « enfant ».
Car souvent, les racines de ce besoin de fusion viennent d'un manque ou d'un fantasme, ressenti ou construit il y a longtemps, au moment où nous avons élaboré dans notre inconscient notre modèle/schéma de l'amour inconditionnel.
Souvent en lien avec la figure parentale du sexe opposé.
Parfois, elles apparaissent lors de la perte d'un jumeau ou d'une jumelle, pendant la vie *in utero*. Qu'il soit possible de le vérifier avec certitude scientifiquement ou non.
Certains « experts » vont dire que je simplifie trop le sujet.

Heureusement, ceux qui « critiquent » ma manière de travailler ne sont pas ceux qui l'ont expérimentée de l'autre côté.
Car la réponse à nos douleurs, le remède à nos blessures, est dans notre corps.
Souvent logée dans un souvenir passé. Vécu ou hérité.
C'est en tout cas ma manière d'aider des cœurs à se réparer.
Cela est peut-être un « raccourci » que certains raccrocheront au complexe d'Œdipe ou à la psychanalyse de Freud.
Je suis navrée pour les plus analytiques et rationnels d'entre nous qui auront besoin de preuves que je ne saurai pas donner.
J'ai toujours aimé les raccourcis. Et l'art de la simplicité.
Je livre ici le fruit d'une analyse empirique et les solutions qui m'ont délivrée et ont permis aux centaines de personnes que j'ai accompagnées de se délivrer aussi.
Il appartient à chacun de décider ou non de l'expérimenter.
Et certainement que le niveau de confiance et de certitude que nous accordons à une technique influence exponentiellement le pouvoir qu'elle a en nous.
Une autre de mes recommandations est de sortir de son salon et d'aller à la rencontre du présent.
Dans des actions simples comme retrouver le goût d'un bon repas, s'offrir la chaleur d'un ami qui nous prendra dans ses bras ou encore créer quelque chose avec nos mains, pour permettre à nos pensées de casser la boucle sans fin de ce sempiternel refrain.
Enfin, j'invite à soutenir le corps.
Car le cœur prend appui dans le corps. Comme les roues d'une horloge, si l'un ne fonctionne pas, l'autre est bloqué aussi.

Je suggérerais bien ici de reprendre le sport et de retrouver l'appétit.
Mais je sais que donner de bons conseils gratuits ne fonctionne pas.
S'il suffisait de savoir quoi faire, le monde serait déjà rempli de gens libres, guéris et épanouis, n'est-ce pas ?
Alors je propose une approche plus subtile, par l'énergétique chinoise.
Nous pouvons le faire nous-mêmes par pression ou en nous rendant chez un bon acupuncteur.
Portée par l'envie de nous permettre à tous d'être encore plus libres et autonomes, je vais transmettre de mon mieux le peu que j'ai appris ces dernières années de cette médecine ancestrale.
Je ne me prétends experte de rien. J'ai juste beaucoup appris, testé et exploré.
Ce que je partage ici m'a été enseigné par l'une des plus incroyables énergéticiennes que je connaisse.
En énergétique chinoise, le cœur est l'organe « maître » car il fait vivre tous les autres organes du corps.
Il a donc quatre méridiens pour le soutenir.
Je propose ici de travailler, avec énormément de douceur et de respect, le point source du méridien principal.
Le point source offre la particularité de s'autoréguler. Ainsi, il n'y a aucun risque à l'utiliser, car si notre énergie est en excès, stimuler ce point la diminuera tandis que si notre énergie est en carence, travailler ce point l'augmentera.
Commencez toujours par le côté gauche du corps, puis le côté droit.

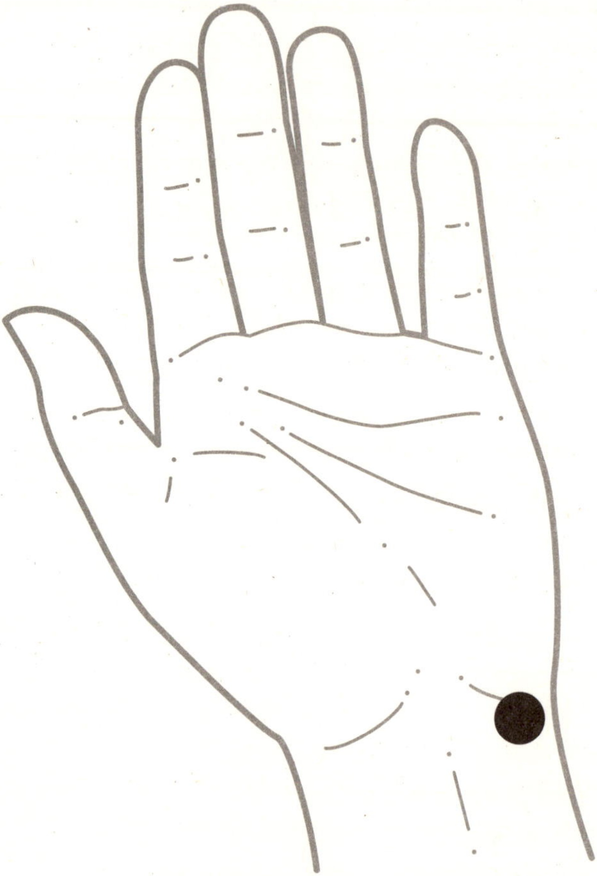

Point essentiel du méridien du cœur

Dans les relations où mon cœur a expérimenté cette épreuve, lorsque je traversais leur rupture, j'avais la sensation d'avoir laissé « un bout de moi » dans l'autre… Et ce n'était pas agréable.

Pourquoi ?
Parce que la *fusion* sous-tend une croyance profonde même si souvent inconsciente. La croyance que je peux répondre aux besoins de l'autre (voire « je dois » si j'ai aussi l'abandon qui vibre en moi) et que l'autre peut répondre aux miens. Et à tous.
Puisqu'il serait cette « âme sœur » qui comprendrait tout de moi.
Le danger de cette croyance, c'est de mettre son centre d'équilibre dans la relation (et non à l'intérieur de soi).

Ainsi, deux conséquences :

1. Je continue de croire que je suis incomplet et que j'ai besoin de cet être merveilleux pour me révéler ou nourrir mes besoins.
2. De même, je me crois dans l'incapacité de me rendre heureux moi-même… La rupture déclenche en moi, si je la subis, du désespoir.

Il est donc, à mon sens, fondamental de reprendre la responsabilité de nos besoins.
TOUS nos besoins.
Car nos besoins sont uniques et nous appartiennent.
Nous comprendrons aux étapes 6 et 7, quand nous aurons appris à les identifier, que ces besoins ont le droit d'exister, d'être reconnus et même d'être partagés.
Simplement l'autre n'a pas à les nourrir pour nous.
Pour développer cette responsabilisation, j'invite à apprendre à cultiver un jardin intime, à poursuivre des centres d'activités personnels, à continuer de vivre des moments sans l'autre, à avoir des amis précieux et à les voir…

Cela est fondamental.
Ce n'est pas exclure l'autre, c'est prendre soin de soi et assumer la responsabilité de nourrir ses besoins à soi.

Secret fondamental à retenir de cette épreuve

Cultivons notre communauté, nos centres d'intérêt personnels.
Donnons du temps à l'autre autant que nous nous en donnons à nous-mêmes.
Ce secret est la base de l'estime de soi et de la solidité de notre équilibre interne.
Il garantit une meilleure stabilité émotionnelle en cas de tempête relationnelle.

CHAPITRE 2

L'épreuve du cœur gelé ou la relation contrôlée

« Tant que vous n'aurez pas rendu l'inconscient conscient, il dirigera votre vie et vous l'appellerez Destin. »

Carl Gustav Jung

Quand mon père avait 19 ans, sa famille a décidé de partir en Espagne pour les vacances de Pâques.
Il y était déjà allé, alors il a offert sa place à son petit frère.
Sur la route, sa grand-mère s'est endormie et la voiture a percuté un camion. Tous les passagers (la grand-mère, la mère, le frère et la sœur) sont décédés dans l'accident.
Mon père ne m'a jamais raconté ses souffrances. Il ne parlait pas de lui.
Du moins jamais devant moi.
À mes yeux, mon père incarnait la générosité et l'intelligence du cœur.
La folie et la douceur, aussi.
Toutefois, ce trauma n'a jamais été apaisé en lui. Et je ne connais pas de trauma que le temps seul guérit.
Alors non, mon père n'est pas mort d'un cancer.
Ça, c'est la version officielle.

En vérité, ce qui l'a tué, ce sont ces tonnes de culpabilité qu'il n'a pas digérées.

- La culpabilité d'avoir laissé son siège à son frère dans un accident de voiture mortel.

Et le chagrin terrible dû à la perte éternelle.

- La culpabilité de boire trop souvent pour oublier.

Et la honte de ne pas savoir se pardonner.

- La culpabilité de fumer pour se détruire.

Et la souffrance de se regarder subir.

- La culpabilité d'être un père imparfait.

Et l'impuissance de cette vulnérabilité.

- La culpabilité de ne pas oser aimer, dire, faire, crier, pleurer.

Et l'immense culpabilité de vivre.

Nos addictions, nos peurs, nos silences et nos murs ne sont que les reflets de nos blessures.

Lorsque l'on ne s'aime pas soi-même, on se torture.

Un jour le corps dit stop.

Il dit stop d'avoir tout porté.

Parce que le corps n'est pas une monture.

Ce n'est pas un outil, ni une armure.

Notre corps est notre meilleur associé.

Si nous sommes libres, il est en bonne santé.

En conclusion, j'ai fait danser ici les mots pour dire le pire.

Mais j'aurais préféré avoir encore un père.

Alors je crie et j'écris à ceux qui sont en train de se détruire : « Sortez vite de cet enfer ! »

La culpabilité n'est pas une potion qui soigne ou un poison qui tue.

La culpabilité est un choix.

Le nôtre. Nous avons le droit de décider d'en faire un autre.

À mon humble niveau d'enfant, je percevais le fardeau que mon père portait et je sentais bien qu'il se noyait de l'intérieur.

J'ai cru que je devais éponger sa douleur.

Qu'ensuite, il irait mieux.

À 15 ans, je conduisais sa voiture quand il avait trop bu et qu'il ne pouvait pas nous ramener, ma petite sœur et moi, chez notre mère.

Depuis bien plus jeune encore, je m'occupais du ménage chez lui, tant il me semblait incapable de le faire.

Je l'aimais, alors j'étais devenue sa mère. Cette mère qui lui avait tant manqué.

Quant à ma propre mère, elle ne noyait pas ses plaies dans l'alcool et le tabac mais dans les larmes et la victimisation.

Régulièrement, elle entrait dans des phases inconsolables. Rien n'allait. Le monde entier semblait ligué contre elle. Surtout sa propre mère, qu'elle considérait souvent comme la responsable de ses calvaires.

Elle s'asseyait alors sur le bord de mon lit pour me raconter ses souffrances.

Ces souvenirs ont hanté longtemps la mémoire de mon enfance.

Malheureusement, ma mère ne s'en tenait pas qu'aux pleurs.

Jeune, j'étais aussi le paratonnerre de ses colères et le pantin pour atténuer ses peurs.

J'ai eu droit à de la violence physique puis, après qu'elle avait tenté infructueusement quelques thérapies, à de la violence verbale.

Chaque fois que quelque chose échouait dans sa vie, ma sœur et moi en étions les coupables.

Mais quand nous tentions de nous éloigner, elle nous implorait de revenir.
Je ne parvenais pas à naviguer au milieu de ses humeurs instables.
Même si j'ai développé grâce à cette époque une immense force d'adaptation pour endurer le pire.
Ma pauvre mère soufflait la haine puis l'amour, le chaud puis le froid, le doux puis le piquant.
Elle donnait pour mieux reprendre. Elle maîtrisait habilement (même si probablement sans conscience) tous les jeux de manipulation.
Ma sœur et moi avons des souvenirs assez similaires. Ceux d'une mère qui communiquait avec les hommes par la séduction (même avec nos petits amis), s'appropriait nos vêtements les plus jolis et semblait souvent jalouser ses propres filles.
Elle avait beaucoup de difficulté à donner, même un compliment.
Pour autant, mon idée n'est nullement d'accabler ici ma mère. Elle a vécu son propre enfer et n'a fait que transmettre ce qu'elle n'a pas su guérir en elle à ses enfants.
Je ne lui en veux pas. Au contraire.
Elle a fait de son mieux et je ne serais pas celle que je suis aujourd'hui si j'avais réussi autrefois à la satisfaire.
Et pour mieux l'expliquer, je crois que son cœur est resté bloqué dans l'épreuve de la peur, nous en reparlerons plus loin.
Ce qui m'importe ici, c'est de partager avec vous le contexte qui m'a amenée, moi, à transformer mon cœur en pierre.
Les expériences que j'ai vécues petite m'ont conduite à devenir adulte très (trop) tôt. J'endossais des

responsabilités pour assurer là où mes parents étaient défaillants (dans leurs rôles de parents).
De plus, **mon cœur a encodé** à cette époque **qu'il ne pouvait compter que sur lui-même** puisque personne autour de moi ne semblait apte à écouter (et encore moins à accueillir) mes émotions et mes besoins.
J'ai compris bien plus tard combien ce vécu est celui qui m'a permis de développer mon hyperacuité aux émotions des autres et aux fréquences vibratoires invisibles.
Car, enfant, il me fallait prédire le mieux possible ce que les autres attendaient. Puisque leur donner m'évitait bien des déboires et des punitions.
Mais ce « talent » a longtemps été une malédiction. Car je l'ai mis au service de la création de ce que les psychologues appellent le « faux self ». Une armure, une carapace, une protection qui nous coupe de nos émotions.
À l'intérieur de moi, à cette époque, je rêvais de foutre le camp. Quitter au plus vite la maison de ma mère. Ce lieu qui, pour tant de gens, reste un lieu-refuge toute leur vie durant.
Ma mère répétait sans cesse : « À 18 ans vous partirez, avant, vous ferez ce que je dirai. »
Ma sœur et moi ressentions également que nous étions, pour elle, des poids financiers. Elle nous imposait ses contraintes car nous freinions sa liberté.
Alors j'ai commencé à travailler à 16 ans et à mettre de l'argent de côté.
Avec de l'argent, je me sentais plus en sécurité.
Et puis je bossais plutôt bien à l'école.
Je ne voulais rien devoir à personne. Partir le plus vite possible. Devenir autonome.

Ce que j'ignorais, c'est que mon cœur était profondément blessé et que j'aurai deux épreuves à traverser pour guérir :

1. J'avais imprégné l'insécurité en profondeur dans mon corps. Ce qui allait m'amener à être « accro » à la sensation de danger et à créer des situations de détresse, pour reproduire ce mal-être connu. Mon cœur allait devoir s'autoriser à l'abondance et donc à traverser l'épreuve de la dépendance (chapitre 3).
2. Pour me préserver du sentiment d'impuissance, j'avais construit une armure. Car la moindre émotion était devenue une torture.

En conséquence, j'avais une intolérance pour les gens qui se plaignaient et je ne me plaignais jamais.
Demander de l'aide était un signe de faiblesse.
Je prônais la force et la combativité.
J'ai failli mourir d'une inflammation intestinale à 20 ans car j'avais même annihilé la douleur physique. J'étais devenue une machine.
Mon cœur était entré dans l'épreuve de la glace et de la pierre.
C'est ainsi que pendant de nombreuses années, j'ai cherché l'amour dans mes relations. Mais ce n'est que ce que je prétendais *officiellement*.
En réalité, je ne ressentais rien pour les gens.
La seule chose qui m'importait était d'éteindre en moi cet insoutenable sentiment de défaillance.
J'avais fait une overdose de reproches et de plaintes.
Alors je fuyais les autres humains et je ne donnais absolument rien.

Que du vent et du semblant.
Je traitais le monde comme je me traitais moi-même. Je me sentais si vide en dedans.
La solution que j'avais trouvée était de prendre le *contrôle*.
Malheureusement, le cœur ne se contrôle pas. Les émotions ne s'éteignent pas.
Lorsque nous les enfouissons, c'est comme si nous mettions un bouchon dans le trou d'une digue. L'eau finit par fuir… et la digue par s'effondrer.
Mais j'étais jeune et tout ça, je l'ignorais.
J'ai commencé par contrôler mon corps et à le torturer de tous les troubles alimentaires possibles. Puis à le soumettre à du sport. Pratiqué de manière compulsive et maladive.
Je ne vivais pas, je survivais.
Je me suis mise ensuite à contrôler ma « carrière » et, surtout… mon compte bancaire.
Je ne dépensais rien. Jamais.
Je n'avais pas le droit de vivre. Pas le droit d'éprouver du plaisir.
Même un croissant, c'était impossible pour moi.
J'avais un bon salaire mais je m'habillais avec des trucs d'occasion.
J'entendais la voix de ma mère, qui m'avait toujours acheté les « croissants de la veille » parce qu'ils étaient moins chers et habillée dans les bourses aux vêtements, me susurrer : « Tu es sûre d'en avoir vraiment besoin ? » et je me répondais toujours à moi-même : « Non, je n'en ai pas besoin », avant de retourner à ma vie sans goût.
Je ne vivais pas. J'épargnais.
Enfin, j'ai pris le contrôle de mes relations amoureuses.

Je suis restée longtemps avec un homme qui cochait toutes les cases de l'homme parfait *pour les autres*.
Un bel aristocrate parisien, riche, intelligent, sûr de lui.
Enfermé dans des conventions et des « ça ne se fait pas » qu'impose la haute bourgeoisie.
Un homme pour qui (dans mon ressenti) le paraître l'emportait sur tout le reste. Moi qui avais besoin de m'autoriser à être, j'étouffais terriblement.
J'étouffais, mais j'ai tout fait. Dirait Lacan.
Jusqu'au moment de l'épouser.
Un regain de vie en moi m'a amenée à vouloir tout remettre à plat... J'avais peur de faire le mauvais choix. Quand il m'a dit : « Arrête de te poser des questions », j'ai su qu'il n'était pas pour moi. Car me poser des questions était, tout du moins à l'époque, un besoin profondément ancré dans mon ADN.
J'avais beau avoir un cœur à l'apparence de pierre, lui faire mal a été l'une des pires épreuves de ma vie.
Car je savais que je ne l'aimais pas, mais je me sentais coupable d'être partie.
Il est là, je crois, le pire danger caché de cette épreuve.

Quels sont les pires dangers de cette épreuve ?

La peur de faire mal, la peur de décevoir, la peur de faillir...
La seule chose que le cœur ressent, c'est ce qu'il imagine que les autres pensent ou ressentent vis-à-vis de lui.
Comme nous avons décidé inconsciemment de contrôler pour maîtriser notre vie et nos ressentis, nous cherchons

à contrôler aussi notre image, notre réputation, pour nous assurer que les gens nous apprécient.
Tous les gens.
C'est paradoxal parce qu'au fond, on s'en fout. Puisque rien n'a de goût.
Mais c'est maladif.
Nous devons être parfaits. Irréprochables. Lisses.
Alors l'idée de faire du mal, c'est abominable.
Car cela vient écorner l'image d'un nous parfait que nous nous évertuons à créer.
Paralysé, bloqué entre l'envie d'aimer/être aimé et l'envie de maîtriser, le cœur n'a qu'une issue possible.
La fuite.
Ainsi le cœur n'arrive pas à s'ouvrir.
À l'instar de la peur qui le submerge dans l'épreuve du chapitre 5, le cœur est ici submergé par cette fameuse recherche de perfection. Bien qu'inconsciente, c'est une obsession.
L'objectif : être parfait et trouver la personne parfaite pour nous.
Malheureusement, ce but est illusoire.
Cela revient à construire sa maison sur des sables mouvants.
Lorsque nous avons des objectifs inatteignables, nous sommes gouvernés par la déception. Or plus la déception potentielle se profile, plus nous fuyons.
C'est un cercle terriblement vicieux. En sortir permettra de nouveau de nous autoriser à être authentiques.
Car nous sommes tous perfectibles, tous singuliers et irréguliers, tous uniques.
La seule « perfection » à rechercher est celle d'un amour radical et inconditionnel pour notre imperfection.

Comment reconnaître cette épreuve ?

L'un des grands symptômes du cœur qui souffre dans cette épreuve est, comme évoqué plus haut, le besoin de *contrôle*.

Car il confond la maîtrise des émotions et la liberté.

Nous nous imaginons qu'en domptant ce que nous ressentons, nous n'aurons pas besoin des autres et nous serons donc libres.

Cependant, les stratégies inconscientes que nous employons renforcent notre cœur de pierre et nous éloignent de notre quête profonde : l'amour vrai et sincère.

Nous échafaudons plein de techniques, sans même nous en rendre compte, pour *contrôler la vie.*

Par exemple, dans notre quotidien, nous aimons décider de l'emploi du temps. Nous ne supportons pas que l'on nous impose quoi que ce soit. Les surprises et les aléas, nous n'aimons pas trop ça.

Dans nos relations, nous décidons de *combien* nous voyons l'autre. Nous détestons les gens « envahissants » et nous avons de grands besoins de solitude ou de moments « pour soi ».

Nous n'apprécions pas non plus les gens indisponibles quand *nous* avons décidé qu'ils devaient être disponibles.

Lorsqu'une personne pourrait nous plaire « amoureusement », notre mental va vite reprendre la main.

Il nourrit la croyance que l'amour est dangereux (en lien souvent avec l'enfance) et que l'être aimé aura un « pouvoir » sur nous.

Il grossira parfois des défauts que nous trouvons à la personne. Voire en inventera.

Il trouvera mille astuces pour construire des barrières et rendre inaccessible notre cœur.
Malheureusement, plus nous contrôlons, plus nous contrôlons.
Car rapidement, nous ne savons plus faire que ça.
Et comme le disait Albert Einstein*, un problème créé ne peut être résolu en réfléchissant de la même manière qu'il a été créé.
J'ai perdu des années de vie et de liberté à vouloir contrôler l'incontrôlable.
À vouloir me préserver de ce dont, par essence, on ne doit pas se protéger.
Je croyais qu'incertitude rimait avec insécurité.
Alors je m'acharnais à tout anticiper.
Mais la vie est remplie d'imprévus. Tout du long.
Des imprévus que, souvent, nous redoutons.
Nous cherchons la sécurité et la routine, sans quoi nous nous sentons confus.
Nous cultivons les engagements qui enferment et les projections de long terme.
Nous avons peur de l'autre et de ses différences.
Nous reculons devant le changement, la rupture ou le licenciement.
Sans repères identifiés dans le futur, nous nous croyons perdus.
Mais comment peut-on prétendre être libre sans savoir danser avec l'inconnu ?
J'ai mis longtemps à percevoir que la vie grandit dans la Liberté autant que la Liberté nourrit la vie.

* L'un des plus grands scientifiques de l'histoire (1879-1955). Connu notamment pour sa théorie sur la relativité.

La « vraie » liberté ne contrôle pas le temps qu'il fera, l'émotion qui naîtra, la réponse que l'on recevra (ou pas).
La Liberté apprivoise, découvre, apprend et surprend.
Vous ne croyez pas ?
Un jour, nous allons mourir.
Elle est là, la certitude.
Elle est là, l'insécurité.
Mais tous les autres jours, nous allons vivre.
Alors pour vivre libres et vibrants de gratitude, cultivons la surprise, l'audace et le risque.
Réparons nos cœurs en profondeur pour les rendre vulnérables et authentiques.
Et acceptons que nous n'aurons pas tout appris, tout compris, tout vu, ni tout vécu.
« Ne rien prévoir sinon l'imprévisible, ne rien attendre sinon l'inattendu », écrivait Christian Bobin*.
Et si l'incertitude était l'ingrédient magique ?
L'épice secrète, capable de transformer nos vies fades… en épopées fantastiques.
Nous reconnaissons aussi cette épreuve du cœur au travers des relations que nous vivons.
Souvent nous cultiverons des relations dénuées d'émotions profondes.
Pas parce que la relation est fade, mais parce que nous bloquons toutes les vagues.
Ainsi, lorsque nous rencontrons des personnes enthousiastes, prêtes à nous aimer, nous sommes incapables de les retenir.
Par peur de les décevoir autant que par peur d'être déçus.

* L'un des écrivains et poètes français qui m'émeuvent le plus (1951-2022).

Alors, souvent, nous sommes froids et repoussants. Sans conscience, nous les rejetons.

- Quand elles nous quitteront, par ennui, lassitude ou simple acceptation de ne pouvoir nous aider mieux, nous confirmerons alors cette croyance enfouie que nous ne sommes pas dignes d'être aimés ou que l'amour est une fiction.

Mais nous nous enfermerons dans l'action et nous refoulerons toute tristesse possible.
Surtout ne pas ressentir, ne pas s'arrêter, ne pas s'ouvrir. Toujours fuir.
Tel est le mantra du cœur qui se congèle de pire en pire.

- Quand elles ne nous quitteront pas, nous refuserons l'engagement. Pour des raisons obscures et multiples.

Nous défendrons notre indépendance, notre liberté, notre passé ou notre ambition.
Nous imaginerons que notre ex était la personne rêvée.
Nous fantasmerons sur « la bonne » personne à trouver.
Nous aurons mille excuses pour ne pas nous risquer à l'amour vrai.
Nous serons attirés davantage par des personnes qui ne sont pas disponibles (mariées à d'autres, décédées, particulièrement inaccessibles voire d'une autre orientation sexuelle, etc.).
Car avec ces personnes, aucun risque qu'une relation existe *vraiment*.

Nous attirerons particulièrement les personnes coincées dans l'épreuve du cœur dépendant.
Car celles-ci cherchent le salut de leur cœur dans la souffrance aiguë et la lutte (chapitre 3).
Alors leur cœur pense que la souffrance que notre rejet inflige est une étape ultime vers l'amour. Elles s'accrocheront à nous.
Plus nous les repousserons, plus elles nous solliciteront, et plus elles nous solliciteront, plus nous les repousserons.
Certains « coachs » en séduction vantent et vendent le « fuis-moi je te suis ».
Pour moi, c'est une hérésie. J'explique pourquoi au chapitre 3.
Aussi, lorsque nous étouffons dans une relation où nous devons en permanence *rassurer l'autre* (amour-condition) ou, qu'à l'inverse, nous ne parvenons pas à nous engager dans une relation avec une personne qui, pourtant, nous plaît à bien des égards, ou bien encore que nous nourrissons des relations impossibles, il y a des chances que nous soyons dans cette épreuve.

Comment sortir plus vite de cette épreuve ?

À l'instar du chapitre 3 et du chapitre 5, je recommande de travailler le méridien **énergétique** lié au « triple réchauffeur », qui permet d'équilibrer en nous le « donner » et le « recevoir ».
En effet, lorsqu'il manque (ou a trop) d'énergie, alors le cœur ne régule pas bien ce qu'il doit faire.
On peut le mesurer physiquement parfois.
Pendant des années, j'ai eu les mains et les pieds très froids.

Je disais : « Mains froides, cœur chaud. » Mais selon moi, ce dicton est un peu faux.

Il en est de même pour les personnes qui transpirent beaucoup ou ont toujours très chaud.

Car ce méridien est le thermostat du corps.

L'aider à se réguler augmente notre capacité à déceler les relations dans lesquelles nous pouvons être en confiance de celles à éviter.

Cela permet également d'être plus généreux ou au contraire plus égoïstes, selon notre déséquilibre du moment et selon les relations que nous expérimentons.

Travailler le point source du maître cœur en même temps que celui du triple réchauffeur

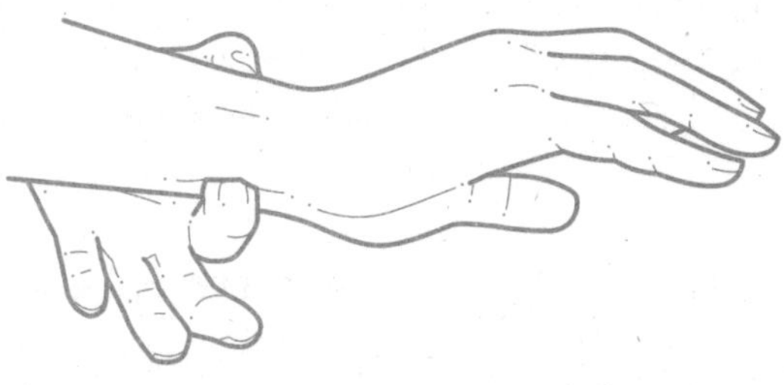

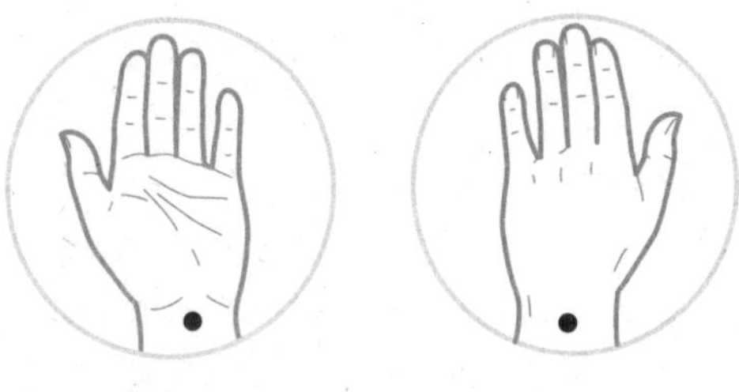

Maître cœur **Triple réchauffeur**

En parallèle, il est urgent d'aller écouter **au-delà du mental**.
Le mental, c'est cette armure de protection en titane que nous avons fabriquée autour du cœur pour l'empêcher de souffrir et qui l'empêche aussi de vibrer et de s'épanouir.
Le mental, c'est celui qui dit « il faut », « tu dois », « ça ne se fait pas », « qu'est-ce qu'ils vont dire ».

Ces injonctions entraînent :

1. Un renforcement de l'armure, donc une augmentation du problème que l'on cherche à résoudre.

Car le cœur gelé est souvent dominé par la croyance qu'il ne peut être aimé que pour ce qu'il *fait*. Alors il cherche son salut dans le *faire* (par opposition à *l'être*).
Quand ce qu'il fait est salué par l'extérieur et conforme à son code de valeurs écrasantes à l'intérieur, alors il se sent à la hauteur.
Cependant, c'est le tonneau des Danaïdes. Il n'y a pas de fin.
Il faut recommencer encore et encore, pour remplir ce vide intérieur.

2. Un refus de la discipline.

Car le corps hait la contrainte. Même un nourrisson va rejeter sa tête en arrière si nous le forçons à aller vers le sein.

En revanche, la discipline est fondamentale. Rien ne peut se construire durablement, à mon sens, sans discipline.
Un de mes mentors disait : « Tu as le choix entre deux souffrances sur Terre : celle de la discipline ou celle du regret. »

Jean-Philippe Riopy, mon pianiste préféré, racontait lors de l'un de ses concerts qu'il a une discipline de fer. Il joue du piano et il médite plusieurs heures par jour. Selon lui, c'est fondamental pour son équilibre et sa santé mentale. De mon côté, je fais du sport régulièrement. Pas « quand j'ai le temps ».

De même que j'ai de nombreux rituels de gratitude tous les jours, pour maintenir ma joie et ma sérénité à un niveau de vibration élevé.

La discipline se transforme vite en habitude. Elle est alors bien plus facile à appliquer.

Pour commencer à s'écouter et ressentir, j'invite donc à bannir les « il faut » et les « je dois ».

Nous pouvons les remplacer par des « je veux », « j'aimerais » ou « je décide », qui nous mettront bien davantage en action.

Exemple : « Je dois méditer » *vs* « J'aimerais me reconnecter davantage à moi et une méditation me ferait du bien. »

Il n'appartient qu'à nous de nous discipliner et de l'expérimenter.

Aujourd'hui, je n'emploie plus ces expressions, sans même avoir à faire attention.

Je suggère également de créer une liste de deux ou trois nouvelles croyances que nous désirons faire entrer en nous.

En effet, la nature n'aime pas le vide.

Le cerveau ne conçoit pas la négation.

Tout le monde connaît le fameux « Ne pensez pas à un éléphant rose » qui fait apparaître un éléphant rose dans notre esprit.

Eh bien si nous nous répétons « Je dois arrêter d'être dans le mental », nous allons juste renforcer notre mental ! Même si nous le remplaçons par « J'aimerais arrêter d'être dans le mental », bien que cette formulation soit plus douce.

Car arrêter une habitude qui est devenue un réflexe est particulièrement difficile.

C'est la raison pour laquelle beaucoup de fumeurs qui cherchent à arrêter la cigarette la « remplacent » malgré eux par autre chose.

Il est beaucoup plus aisé de remplacer une croyance par une autre croyance que d'arrêter de croire en quelque chose.

Qu'aimerions-nous croire pour apaiser notre cœur, le « dégeler » et commencer à l'ouvrir ?

Quelle croyance nous semble la plus pertinente *pour nous* ?

J'en propose quelques-unes à titre d'exemples. Comme j'en proposerai des différentes au chapitre 3.

Il ne s'agit pas de lire comme un mouton.

Se répéter tous les matins devant la glace « Je vais bien, tout va bien » sans y croire est une aberration !

Il nous appartient d'aller **ressentir** la croyance dans notre corps.

Pour voir s'il la valide ou s'il émet une résistance.

Pendant longtemps, quand je me disais à haute voix « Je suis digne d'être aimée », je fondais en larmes. Mon corps m'a demandé travail et discipline pour accueillir cette nouvelle croyance.

C'est en quelque sorte une « reprogrammation ». Ou plutôt, une transformation, une révélation, une amélioration.

En testant notre corps et notre cœur avec ces affirmations, nous pouvons voir/percevoir à quoi ils sont sensibles. Et leur permettre progressivement de s'autoriser au changement.

Suggestions de nouvelles croyances pour dégeler le cœur

- Je suis à l'aise avec l'imprévu.
- Aimer me rend libre et serein.
- Je peux dire non en toute sérénité.
- J'accueille mes émotions, j'active ma sécurité de l'intérieur.
- Plus je suis authentique, plus je suis invincible.

Cette épreuve se « réactive » parfois temporairement. Comme d'autres.
Exactement comme les mauvaises herbes repoussent dans le jardin jusqu'à ce qu'il n'y en ait plus.
La discipline à nouveau aide à maintenir l'ascension vers la meilleure version de moi.
Ainsi j'ai pu ressentir l'envie de « geler » à nouveau mon cœur lorsque j'ai commencé à communiquer sur les réseaux sociaux. Parce que les critiques y sont parfois acerbes et violentes.
Elles ont beau venir d'inconnus et j'ai beau savoir que ces gens sont malheureux, cela percutait ma blessure très fort et me redonnait parfois l'envie d'être lisse.
Cette croyance que je devais plaire à tout le monde était terriblement éreintante et me privait d'être libre.

Alors une croyance m'a beaucoup aidée et m'aide encore beaucoup.
Je la partage avec vous.

> ***« Si personne ne te déteste, c'est que tu n'es pas assez authentique. »***

Pour me souvenir que l'authenticité est la valeur que je veux cultiver.
Car plus je vibre qui je suis, plus j'attire à moi des personnes qui m'aimeront justement comme je suis.
Si nous restons lisses et polis, personne ne nous verra.
Nous privons alors le monde de notre vibration unique et nous privons notre cœur de rencontres extraordinaires.
Car si personne ne nous voit, les gens susceptibles de nous aimer comme nous sommes ne nous voient pas non plus.
Nous démultiplions donc le risque d'attirer des gens qui recherchent des êtres fades et lisses.
Et dès que nous commencerons à « tomber le masque » et à oser exprimer nos couleurs singulières dans la relation, ils ne comprendront pas et nous en voudront.
La relation vraie aime le vrai.

Secret fondamental à retenir de cette épreuve

Cultiver notre authenticité, aller à la rencontre de nos singularités, s'autoriser à être imparfait et à déplaire.
Pour augmenter notre vibration « vraie ».

CHAPITRE 3

L'épreuve du cœur dépendant ou la relation subie

« Ce qui t'est destiné trouvera le moyen de te rejoindre. »

Hester Browne

Très peu de temps après avoir quitté le comte (le bel aristocrate était comte), j'ai rencontré le futur père de mes enfants.

Sentant que je lui plaisais, j'ai cherché à le séduire. Car il disait ouvertement ne pas vouloir s'engager dans une relation.

Pendant des semaines, je lui ai couru après. J'ai souffert de son rejet.

Je me suis obstinée, acharnée…

J'étais encore dans la blessure du contrôle, dans la conquête.

Convaincue que ma volonté suffisait à tout.

Et puis il m'a dit oui et nous nous sommes aimés. Beaucoup.

Ce que j'ignorais, c'est qu'il deviendrait le père de mes enfants non pas parce que nous nous aimions mais parce que je venais de retrouver la part de mon père que mon cœur cherchait.

Dans un contexte où mon cœur aurait été réparé, cette histoire d'amour aurait pu être encore plus belle que ce qu'elle a été.

Ou ne jamais exister.

Mais ne m'aimant pas moi-même, elle n'avait aucune chance de perdurer.

Car je l'ai sabotée avec la même abnégation inconsciente que je l'avais contrainte à commencer.

Mon cœur gelé s'évertuait à fuir l'amour. Il aimait la conquête, le jeu, le défi.

Il ne supportait pas le répit ou l'acquis.

Engluée dans cette croyance que le meilleur était toujours devant comme une victoire à remporter, je ne parvenais pas à aimer qui j'étais, ni à me satisfaire de ce que j'avais. J'avais besoin de continuer à séduire, à plaire, à ressentir comme à faire naître le désir… Inconsciente que ce stratagème renforçait sans cesse mon cœur de pierre.

Comme le labyrinthe de la vie nous amène là où nous devons être, ma course éperdue m'a perdue.

Et le père de mes enfants a décidé, à juste titre, de quitter notre relation.

Puisque je lui avais donné si peu de considération et que je m'étais évertuée à le repousser avec tant d'abnégation.

En surface, j'obtenais enfin ce que je voulais.

Être à nouveau seule sans avoir à faire du mal ou à quitter.

Mais en profondeur, je venais de « réveiller » ma blessure d'abandon dans ce « démariage ».

Pour entrer alors dans l'une des épreuves qui m'ont fait le plus souffrir.

L'épreuve de la *dépendance*.

Mon cœur affamé d'amour et de douceur, vibrant l'abandon, est allé s'aimanter sur un cœur qui venait d'être rejeté et vibrant la peur et le contrôle. Un cœur qui, lui, rentrait dans l'épreuve que j'avais déjà traversée.
Certains appellent ces rencontres celles des « *flammes jumelles* ».
Dans ma lecture, c'est la fusion entre une blessure d'abandon réveillée et une blessure de rejet qui hurle.
Plus le cœur anxieux vibre la demande d'attention, plus le cœur en contrôle vibrera la fuite… Se met alors en place un jeu sordide et toxique où les comportements et besoins de l'un détruisent et vident l'autre, et réciproquement.

Comment reconnaître cette épreuve ?

Lorsque nous attendons de l'autre d'être sécurisé.
Que nous avons une vision de la manière dont nous devrions être aimés et que tout ce qui y déroge – même légèrement – nous crée des peurs abyssales… dont nous faisons porter la responsabilité à l'autre.
Lorsque nous avons « besoin » de l'autre. De son « amour », de sa validation, de sa présence.
Samuel est venu me voir parce que sa femme lui « échappait ». Alors il avait décidé de la faire suivre et de l'espionner.
Il avait accès à ses conversations privées, ses échanges de messages…
Il avait compris qu'elle le trompait. Mais il voulait savoir comment, avec qui, pourquoi.
Il était obsédé par tout ça.

Il y passait tellement de temps et y laissait tellement d'énergie qu'il était sur le point de planter son entreprise. Il continuait malgré lui, prisonnier de ce schéma.
Il m'a contactée pour désactiver la blessure qui vibrait.
Caroline était en couple avec une personne attentionnée et affectueuse. Mais ce n'était jamais assez. Elle avait des crises de jalousie qui frôlaient l'hystérie.
Elle épuisait la relation. La mettait constamment au défi. Malgré elle et sans conscience, elle cherchait à provoquer l'abandon ou la trahison.
Parce que ces blessures hurlaient en elle et téléguidaient ses comportements.
Son conjoint aurait pu lui donner tout ce que « sa tête » disait vouloir, cela n'aurait jamais été suffisant.
Car son cœur et son corps étaient « affamés » et insatiables.
Moi-même j'ai ressenti des moments de vides phénoménaux. La sensation d'être « piégée » dans une relation destructrice. Je me voyais malheureuse, faisant mille reproches à l'autre… Et pourtant je restais. En total désalignement entre ma tête et mon corps.
Car je pensais que si l'autre m'aimait, alors il allait changer. Il allait comprendre enfin mes besoins et les nourrir. Et les nourrir bien, c'est-à-dire *comme moi j'avais décidé qu'il devait le faire.*
Je tenais l'autre pour responsable de ma sensation de souffrance, de mes peurs, de mes manques… Je lui faisais des tonnes de reproches (exprimés ou pas). Pourtant je m'accrochais à lui comme si ma survie en dépendait. Comme si ma souffrance allait le réveiller et le transformer *en ce que je voulais qu'il soit.*
Ce piège toxique est horrible, n'est-ce pas ?

Et sa violence et sa toxicité se répètent de plus en plus fort dans notre vie, jusqu'à ce que le cœur décide qu'il a suffisamment appris et qu'il peut sortir de l'épreuve.
Permettez-moi de proposer ici une métaphore que j'aime beaucoup.
Dans chaque cœur, il y a une source d'eau pure. Et un grand vase.
Le problème, c'est que certains d'entre nous ont appris, enfants, qu'ils devaient remplir le vase des autres pour recevoir de l'eau. Alors ils passent leur temps à faire ça : utiliser leur source pour remplir le vase des autres.
Malheureusement, quand ils tendent leur vase à quelqu'un et qu'ils ne reçoivent pas d'eau, ils rencontrent alors des peurs abyssales. C'est un danger de mort qui s'active pour leur système nerveux.
Évidemment, la clé sera d'apprendre à utiliser sa propre source pour remplir son vase. Et ensuite, avec tout ce qui déborde du vase, nous pouvons aller donner de l'amour puissant et inconditionnel aux autres.
Simplement, avant d'avoir appris cela, le cœur dépendant est perdu. Car il croit que la sensation de soif, de sécheresse, d'aridité qui est soudain apaisée (ne serait-ce que par quelques gouttes de pluie), correspond à de l'amour… À l'instar de la dépendance à la drogue, le cœur dépendant a besoin de souffrir pour survivre.

> ***« Accro à la souffrance. »***

Comme je l'écrivais précédemment, certains « coachs » en séduction vantent et vendent le « fuis-moi je te suis ».
Pour moi, c'est une hérésie.
Car ce n'est pas de l'amour, c'est de la manipulation.

C'est appuyer sur une blessure enfouie pour générer une réaction.
Or la réaction n'est pas choisie. Elle est subie.
C'est la raison pour laquelle, dans les relations construites sur des schémas, il n'y a pas de liberté vraie.
Juste des shoots de dopamine : « Je te fais mal puis je t'apaise. »
Et l'on confond l'arrêt de la douleur avec de l'amour...
Quelle triste méprise, quel piège sournois.

Quels sont les pires dangers de cette épreuve ?

Cette épreuve vibre dans tous les espaces-temps, elle nous éloigne de nous et de l'instant présent.
Car elle peut nous retenir. Si nous n'en sortons pas, nous allons la revivre de différentes façons de manière extrêmement douloureuse.
Notamment *via* le passé. Lorsqu'une relation qui vibrait pour notre cœur dans la dépendance se termine, notre cœur peut s'emballer alors dans le regret et la culpabilité.
Il va se mettre à croire que la seule solution pour soulager sa douleur, c'est le cœur avec lequel nous ne sommes plus. Et il va s'obstiner à vouloir retrouver cet « ex » et cette souffrance à laquelle il était habitué.
On parle de dépendance car tous les symptômes de l'addiction sont réunis : l'effet de la dopamine et l'incapacité à réfléchir « pourvu que nous ayons notre dose ».
Tout ce qui compte, c'est de retrouver ce qui n'est plus.
Quitte à en perdre sa dignité. Mais surtout, à en perdre le présent. Et donc la vie.

Également dans le futur. Puisque le cœur vibrant la dépendance nous conduit à des comportements que nous ne comprenons pas et dont nous pouvons même être honteux.

Je pense à certains clients qui faisaient suivre leurs conjoints. Qui épiaient leurs faits et gestes et même leur téléphone portable.

On sait, avec notre tête, que ces agissements sont moralement répréhensibles. Pourtant, de la même manière qu'une personne droguée « en manque » est capable des pires délits, notre cœur nous pousse au crime.

Les conséquences sur notre futur sont multiples. De la rupture à la destruction encore plus sévère de notre propre estime.

Rupture souvent imposée par un conjoint qui n'en peut plus d'être étouffé, harcelé, ou qui ne se sent pas à la hauteur de rassurer nos peurs (et il a raison, ce n'est pas à lui de le faire).

Enfin, cette épreuve vibre sur notre présent. Car l'énergie déployée à chercher la paix, la dose, la sécurité... est colossale. Elle prend tout l'espace disponible dans notre corps et notre mental.

Impossible alors de se concentrer ne serait-ce que sur un livre, un film ou une joie du quotidien. Encore moins sur des urgences professionnelles.

J'ai rencontré des dirigeants d'entreprise qui délaissaient leurs employés et leurs clients. Des parents qui ignoraient (voire violentaient) leurs enfants.

Chaque fois que le cœur vibrait la dépendance.

À cause de sa dose non reçue.

Comment sortir plus vite de cette épreuve ?

Comme les doigts coincés dans une prise, il nous est impossible d'en sortir vraiment seul sans encourir les risques suivants :

- Opter pour l'abdication ou la résignation, qui plongent ensuite le cœur dans l'épreuve du contrôle vu précédemment au chapitre 2.

Ce qui est donc une fausse bonne idée.

- Provoquer la rupture ou l'infidélité et basculer le cœur dans l'épreuve des chapitres 4 ou 5, toujours pas une option à privilégier.

- Quand il n'y a plus de douleurs (parce que l'autre change ou se sécurise), il n'y a plus de sensation. Alors nous quittons la relation pour chercher notre « dose » ailleurs. Et nous rejouons la même épreuve… Guère réjouissant, n'est-ce pas ?

La seule solution pérenne à mon sens est d'aller à la rencontre de la blessure, à la racine.
Une aide professionnelle solide et de confiance est la bienvenue.
Pour éclairer la route et nous éviter de repartir dans le manège habituel et toxique de notre mental qui fait sa loi.
Ce n'est pas le chemin le plus confortable, ni le plus facile.

C'est cependant la voie la plus rapide vers la paix. Celle qui mène vers le véritable amour de soi et rend possible la relation vraie.
En succédané, toutefois, je propose à nouveau des croyances aidantes à mettre en place progressivement en soi, comme au chapitre 3.

Quelques-unes des croyances aidantes à mettre en place

- Je suis digne d'être aimé.
- L'amour grandit dans la liberté.
- Je peux m'épanouir dans la solitude car je m'aime moi-même.
- J'honore ma valeur, je choisis des relations qui honorent ma valeur.
- Chacun aime à sa façon.

Ces phrases aident à activer l'amour en soi et pour soi.
J'invite en parallèle chacun de nous à se traiter avec respect en passant du temps avec nous-mêmes dans des activités que NOUS AIMONS.
Trop de cœurs dépendants épousent les passions de l'autre et les amis de l'autre par mimétisme et suradaptation.
Ils s'éloignent encore plus de l'estime de soi.

Choisissons-nous !

Personne n'a envie d'aimer quelqu'un qui ne s'aime pas lui-même.

Plus nous nous aimons, plus nous sommes magnétiques à l'amour vrai et au respect.
Je partage ici les solutions qui m'ont aidée et qui aident mes clients. Elles restent limitées à mon expérience, donc à ma vision du monde, et il est évident que d'autres solutions existent et seront peut-être encore plus efficaces pour certains d'entre nous.
Ce qui m'a ensuite le plus aidée a été de travailler avec l'énergie.
Mon mental ruminait tellement que je n'avais plus accès à mon intelligence ou mon intuition. Mon cœur vibrait trop la peur et l'insécurité.
En allant dans le corps, le thérapeute qui m'a accompagnée est allé directement à la source des vibrations de manque.
L'énergétique chinoise m'a appris qu'être victime d'abus physique ou sexuel entraîne un « encodage inversé » de l'intestin grêle. J'ai pu le vérifier dans ma maladie auto-immune comme dans celle d'autres clients. Cela reste évidemment difficile à prouver.
L'intestin est l'organe qui trie le bon du mauvais pour le corps, dans la médecine ancestrale.
S'il encode mal, notre corps digère à l'envers et notre cœur est perdu. Il se fourvoie dans des relations qui lui sont plus toxiques que bénéfiques. Et le mental mouline dans tous les sens.
La solution et la porte de sortie de cette épreuve sont donc ailleurs.
Dans des subtilités intérieures qui nous sont parfois inaccessibles.
Raison pour laquelle j'encourage chacun de ceux qui le peuvent à se faire aider.

Ce n'est pas tricher que d'investir en soi et en un bon professionnel.
Nous sommes parfois si résilients que nous sommes convaincus de devoir tout faire seuls. Que la souffrance augmente la valeur de la victoire.
Cette croyance est juste une croyance.
Je bénis le jour où j'ai décidé d'en avoir une autre, de valoriser enfin mon temps et d'utiliser mon argent pour confier à des personnes de confiance la réparation de mon système invisible.
Une manière d'interroger seuls notre corps peut être l'utilisation de feuilles de papier sur lesquelles nous inscrirons des réponses, puis nous les poserons par terre, face écrite côté sol.
Nous pouvons par exemple écrire des années, des noms d'ex-conjoints ou des périodes de vie.
Puis, en mettant nos deux pieds sur chaque feuille, nous allons ressentir les vibrations dans notre corps.
Au début, nous ne ressentons pas toujours très fort.
Armons-nous de patience, d'amour et de confiance.
Le corps parle quand il se sent écouté.
Nous pourrons découvrir ainsi quel événement a activé la blessure aujourd'hui.
Puis progressivement affiner. En posant d'autres questions, à l'aveugle quand nous le faisons seuls, pour mettre du sens et enclencher ce que mon mentor appelait la « prise de conscience ».
Pas besoin de comprendre le pourquoi du comment.
Juste de rendre la parole au corps, à l'inconscient. De le laisser ouvrir sa « boîte de Pandore », comme l'appellent certains de mes clients, pour la vider enfin.

Sortent alors toutes ces énergies bloquées. Les peurs enfouies ou refoulées. Les relations aux parents fantasmées. Les schémas dans lesquels notre cœur s'est retrouvé enfermé.
Les émotions enfouies deviennent de l'énergie qui détruit.
Parfois nous les avons gardées en nous parce que, enfants, il nous a été interdit, impossible ou dangereux de les exprimer.
Parfois nous les portons par héritage, en loyauté à une lignée.
Or, comme j'en parle en introduction, « émotion » vient de *ex movere*. C'est un mouvement qui doit se faire vers l'extérieur. Quand nous l'envoyons vers l'intérieur, elle est stockée et nous entravera pour sortir, à un moment donné.
Par des maladies physiques ou psychologiques.

ATTENTION !

Comme toutes les épreuves de 1 à 5, certains d'entre nous en vivront quelques-unes et pas d'autres en raison des blessures en nous.
Je souligne que l'épreuve que nous vivons met souvent en évidence la blessure qui a besoin d'être sublimée en nous et qui nous guide vers la partie en nous qui a besoin d'amour.
Aussi, il peut arriver que notre cœur « retombe » dans une épreuve au cours de notre vie.
Souvenons-nous alors de tous les secrets que nous avons appris pour en sortir à nouveau et encore plus vite.
Car une épreuve qui revient, c'est une blessure qui s'active à nouveau, à un autre niveau.

Souvent pour nous permettre de passer un palier ou de nous donner des autorisations de réussite et/ou d'amour plus élevées.

À ce moment-là…

Ne nous jugeons pas, ne blâmons pas la vie.

Au contraire, pardonnons-nous, félicitons-nous de tout ce que nous avons déjà appris et cherchons l'enseignement acquis lors de ce nouveau défi.

Car une relation toxique, quelle qu'elle soit, a pour seuls objectifs de :

- nous permettre d'aimer une part de nous que nous n'aimons pas encore ;
- nous élever vers une meilleure connaissance de soi ;
- nous rapprocher de la relation vraie.

Ne la redoutons pas. Traversons-la avec le maximum de joie possible.

Car la relation vraie n'est possible **que lorsque nous nous aimons enfin *nous-mêmes*.**

Secret fondamental à retenir de cette épreuve

Développer le courage de se choisir.

Avant l'autre, avant l'environnement, avant quoi que ce soit.

Se choisir soi.

Car la seule personne avec laquelle nous allons vivre chaque seconde de notre vie jusqu'à la fin, c'est nous.

Ne partons pas avec le regret de nous être oubliés ou d'avoir privilégié le rêve et la joie des autres par peur d'investir les nôtres.

Et selon moi, ce qui différencie ceux qui réussissent à réaliser leurs rêves des autres, ce n'est pas l'intelligence, la fortune, la chance ou le réseau.

C'est le courage.

Le courage de se choisir soi.
Parce que c'est un exercice extrêmement difficile parfois.
Nelson Mandela disait que c'est notre lumière (et non notre ombre), qui nous effraie souvent le plus.

CHAPITRE 4

L'épreuve du cœur indécis ou la relation analysée

« Nous devons nous y habituer :
aux plus importantes croisées des chemins de notre vie,
il n'y a pas de signalisation. »

Ernest Hemingway

Édouard est un chef d'entreprise brillant. Il connaît un succès professionnel florissant.
Mais sa vie amoureuse est un chantier terriblement handicapant à ses yeux.
Lorsque j'échange avec lui pour la première fois, il m'avoue : « Je tiens des tableaux Excel sur les femmes que je rencontre. J'ai l'impression d'avoir touché le fond et je crois que j'ai besoin de vous. »
Édouard avait « subi » plusieurs ruptures après les infidélités de ses compagnes. Des infidélités qu'il avait parfois acceptées, pardonnées, mais qui l'avaient quand même conduit à être quitté.
Sa première femme menait une « double vie ».
Il croyait qu'il attirait des mauvaises personnes pour lui et s'était mis à vouloir tout analyser.

Comme il le faisait dans sa société.
Il comparait tout.
Il avait lu des livres sur la « loi d'attraction » et était resté à cette interprétation que l'on doit décider ce que l'on désire dans sa vie pour mieux l'attirer.
Alors il faisait des listes et remplissait des tableaux.
Il souffrait d'un manque d'amour abyssal et d'une totale incapacité à faire confiance.
Et on le comprend, n'est-ce pas ?
Sauf que comprendre la cause du mal est rarement suffisant.
Parce que le mental redouble d'injonctions et on ne change pas pour autant.
Car le mal est toujours là.
Certains psychologues disent qu'il faut de longues années pour guérir ses blessures.
J'ai une autre vision du monde et de la vie.
Je crois que Confucius disait vrai :

> ***« Que tu penses que tu peux ou que tu penses que tu ne peux pas, dans les deux cas, c'est toi qui as raison. »***

Alors ceux qui ont adopté la croyance que toute guérison prend du temps opteront pour le chemin long.
D'ailleurs, souvent, les personnes qui sont dans cette épreuve optent pour une psychanalyse qui dure des décennies.
Un moyen d'analyser en gardant de la distance avec le changement.
Je ne juge aucune thérapie. Je crois qu'il n'y a pas de hiérarchie.
Et pas suffisamment d'humains libres et prêts à accompagner les autres vers leur liberté.

Alors les autres thérapeutes ont mon respect et ma sympathie.
Je crois simplement que ce qui marche pour la majorité ne marche pas pour tout le monde.
Et que l'humanité se portera mieux lorsque nous cesserons d'imposer aux autres notre vision personnelle des choses.
Car *notre* vérité n'est pas La Vérité.
Elle n'est que le reflet de notre histoire et de nos expériences relationnelles, héritées ou vécues.
Édouard a fait le choix de travailler avec moi et de croire que le rapide était possible.
Comme beaucoup d'entrepreneurs qui ont cette capacité à transformer les obstacles en défis à se lancer pour oser.
Après tout, le Loto ne dit-il pas que cent pour cent des gagnants ont joué ?
Il ne suffit pas de « tester ». D'ailleurs, j'ai banni de ma vie l'expression « je vais essayer ».
Bien entendu, il m'arrive souvent d'expérimenter, de tenter et même d'échouer.
Mais je n'essaye pas.
Maître Yoda (*Star Wars*) disait : « Fais ou ne fais pas, il n'y a pas d'essai. »
D'ailleurs, quand nous disons à quelqu'un que nous croisons : « On essaye de se voir », nous n'avons pas une grande motivation à le voir là tout de suite concrètement, n'est-ce pas ?
Quand on me dit ça, je réponds poliment : « Gagne du temps, ne le fais pas. »
Ce n'est pas rustre, c'est cash. C'est sincère.
Et ça évite de polluer l'esprit avec toutes ces fenêtres de « bonnes manières ».

Le cerveau, c'est comme un ordinateur. Si nous avons mille pages ouvertes, il rame de l'intérieur.

Ne nous encombrons donc pas avec ce que nous ne valorisons pas.

La difficulté, c'est que la plupart des gens ne savent pas ce qu'ils valorisent *vraiment*.

Alors ils veulent un peu tout en même temps.

Et finissent par ne rien faire pleinement.

J'ai fonctionné ainsi longtemps.

Non pas à cause d'une blessure ou d'une épreuve, mais à cause d'un vieux dicton.

Il disait : « Choisir, c'est renoncer. »

Cette phrase m'a bloquée sur un rond-point pendant des années.

Jusqu'au jour où je l'ai transformée par : « Choisir, c'est avancer. »

Il y a des milliards d'hommes et de femmes sur cette Terre.

Allons-nous tous les essayer ?

Tous les noter et les comparer ?

Lorsque nous passons notre temps à croire que ce que nous avons nous empêche de vivre mieux, nous sommes gouvernés par l'illusion que l'herbe est plus verte ailleurs.

Nous développons alors ce que certains psychologues modernes appellent le FOMO (*Fear Of Missing Out*).

C'est la sensation terrible de rater quelque chose.

La peur de n'être jamais au bon endroit ni avec les bonnes personnes.

Vous voyez, ces personnes sans arrêt en train de filmer ou de photographier les concerts, les musées, les couchers de soleil ?

Elles ne vivent pas, elles remplissent des tableaux intérieurs.
Les mêmes qui jalousent ce que font ou possèdent les autres en s'imaginant toujours que c'est meilleur.
Mon mentor me répétait : « L'herbe n'est pas plus verte ailleurs. Elle est plus verte là où tu l'arroses. »
Depuis, je mets mon énergie à prendre soin de l'herbe sur laquelle je suis.
Cette appréciation en conscience, c'est l'arrosage qui donne du goût aux choses.

Quels sont les pires dangers de cette épreuve ?

En vivant en permanence dans la comparaison ou l'analyse, nous nous privons de notre plus grande richesse :

l'instant présent.

Car nous sommes sans arrêt en train de faire des allers-retours entre hier et demain.
En utilisant à l'excès et à mauvais escient une phrase toute simple.
Celle qui commence par « Et si… ».
Avec des versions comme :
« Et si j'avais fait ceci ou cela, la relation aurait pu perdurer… »
« Et si je m'engage ici, je rate ça et ça… »
« Et si je choisis cette option, je me ferme à celle-là… »
Lorsque cette épreuve est en cours, notre cœur vibre le manque.

Or dans le monde des énergies, l'énergie du manque attire le manque.
Pour inverser, nous ne pouvons pas « arrêter de vibrer le manque ». En revanche, nous pouvons nous interroger sur l'opposé du manque pour nous et décider de vibrer cela à la place.
Pour moi, l'opposé du manque est « le plein et l'abondance ».
J'en parle un peu plus loin.
Ce qui m'importe de souligner ici est l'attraction du manque pour le manque.
Ce n'est pas de la magie.
C'est de la neuroscience.
Saint Thomas disait : « Je crois ce que je vois*. »
Il refusait les miracles.
Typique du cœur apeuré, qui analyse ce qu'il donne et ce qu'il reçoit.
Dans ma vision du monde, cela ne marche pas du tout comme ça.
C'est même tout l'inverse.
En réalité : « Je vois ce que je crois. »
Notre cerveau aimant avoir raison, il va créer un filtre de perception de la réalité pour confirmer ce qu'il croit.
C'est ce que l'on appelle communément « des biais ».
Ainsi, si je crois par exemple que les hommes sont infidèles, je ne vais voir que les hommes infidèles et, bizarrement, occulter toutes les histoires d'hommes fidèles.
Si je crois que mon conjoint est infidèle, je vais aller jusqu'à interpréter certains comportements avec suspicion. Je

* Évangile de Jean, 20, 19-25.

peux même sans m'en apercevoir provoquer l'infidélité en ayant des comportements excessivement jaloux à cause de cette croyance ancrée.
Je donne souvent l'exemple des agences immobilières. Lorsque l'on cherche une maison ou un appartement, on voit des agences immobilières partout.
En réalité, elles ont toujours été là. Simplement avant, on ne les voyait pas.
C'est en cela que nos croyances peuvent devenir *limitantes*.

Exemple

Si je crois qu'aimer/réussir financièrement/être serein... est impossible ou difficile, j'aurai tous les comportements destinés à me le confirmer.
Je vais aussi naturellement m'entourer de gens qui pensent comme moi.
Pour me sécuriser.
Je vais ainsi m'enfermer dans cet inconfort connu (et donc rassurant).
Et tout acte ou toute relation susceptible de générer un changement de trajectoire ou une ascension intérieure seront rudement mis au défi.
Si la contradiction est trop forte avec notre croyance et que nous demeurons dans le déni, nous nous priverons de cette relation ou de cette transformation pour que notre ego continue d'avoir raison.
Nous sommes la marionnette de nos croyances.
La bonne nouvelle, c'est qu'en sortant du déni, nous pouvons décider de changer nos croyances.

Comment reconnaître cette épreuve ?

Désireux de se protéger, le cœur qui entre dans cette épreuve va échafauder des « je veux » et des « je ne veux plus ».

Souvent liées aux relations passées dont, par prisme et manque de recul, il n'a gardé mémoire que du « mauvais » ou du « merveilleux ».

Mais, souvent aussi, il met l'accent sur les « je ne veux plus » et construit des « je veux » en opposition avec ces « je ne veux plus ».

On est donc dans l'énergie du négatif.

On le vibre encore de partout.

Au lieu d'avoir pris le temps de nous nettoyer ou de nous être fait accompagner pour nous réparer, nous nous jetons à fond dans la chasse aux relations.

Les symptômes fréquents : le FOMO, la comparaison entre soi et les autres, l'immobilisme et la procrastination, la baisse constante de l'estime de soi, l'incapacité à choisir/décider, l'hésitation viscérale et, parfois aussi, une tendance à la victimisation ou à la désolation (avec des « les autres sont/ont mieux que moi »).

Les relations deviennent toutes insatisfaisantes, inhabitées, décevantes.

Puisque nous avons, dans notre corps et notre cœur, la croyance que c'est ce qu'elles ne peuvent qu'être.

Et parfois, cette épreuve se présente devant notre cœur par un changement dans la relation en cours.

Un exemple « vivant » est l'indécision qu'a rencontrée une de mes amies suite à l'infidélité découverte de son mari. Elle aimait la version passée de lui. Ça, elle le savait.

C'est donc celle-là qu'elle voulait retrouver « à tout prix ».
Son cœur ne savait donc pas quoi faire de la *version d'aujourd'hui* de ce conjoint.
Son mental se posait des questions sans fin.
Faisait des allers-retours permanents entre hier et demain.
Ce qu'elle voulait, c'était effacer ce qu'elle avait appris.
Ou mieux, effacer cette infidélité, pour revenir à ce qui était et qui lui convenait.
On peut donc vivre cette épreuve quand l'autre, celui ou celle que l'on aime, change.
Que faire de ce changement ?
Comment l'accueillir quand notre tête s'accroche à la croyance que « c'était mieux avant » ?
En réalité, ce qui nous fait souffrir, ce n'est pas le changement en lui-même, c'est *la peur de perdre ce que l'on a.*

Pour revenir à mon amie, il y a toutes ces peurs en elle qui formaient un tsunami :

- quitter un mari, c'est aussi changer de maison, ne plus voir ses enfants tous les jours, renoncer à des vacances en famille et à un confort matériel… ;
- en parallèle, rester avec lui, c'est accepter le fait qu'il soit (ou ait été) infidèle.

Quand nos désirs et nos valeurs se désalignent, nous n'arrivons pas à dépasser nos peurs.
C'est comme si c'était un dilemme : aucune alternative ne semble satisfaisante.
Alors on reste dans l'hésitation, dans le non-choix.
Malheureusement, notre condition d'humains souffrants nous conduit à provoquer l'autre pour qu'il change. Car nous ne supportons pas que lui soit heureux *et nous pas.*

Notre peur peut alors nous conduire à la jalousie ou à la haine.
Nous nous disons : « Pour lui/pour elle, tout va bien. Ce n'est pas juste, moi je souffre. »
Cela empire notre impression que pour nous, avancer est vain, voire impossible.
Nous allons alors adopter, parfois sans conscience, des comportements destinés à blesser ou faire souffrir l'autre, pour apaiser la blessure d'injustice qui crie en nous.
Nous sommes alors nous-mêmes injustes et augmentons la vibration de la souffrance que nous nous créons.
En espérant, sans forcément nous l'avouer, que la vie décide à notre place.
De surcroît, nous abîmons le lien humain :

- soit la relation devient conflictuelle, voire teintée d'amertume. L'autre finira par abdiquer et nous en voudra. Une dette s'est créée des deux côtés de la relation. Et généralement, quand les passifs s'empilent, l'ardoise devient salée et quelqu'un finira par payer ;
- soit la relation devient fausse. Chacun fait semblant d'être ce que l'autre attend, personne n'habite le lien vraiment. S'installe une ambiance de joie simulée en espérant qu'en jouant bien la comédie, la vie reprendra comme avant.

Cette technique de l'autruche peut tenir longtemps. Simplement, dans ma vision du monde, ce type de relation n'est pas *émotionnellement nourrissant*. C'est même l'inverse. Alors un jour, notre santé en fera les frais.
Cette épreuve vibre donc dans *la peur de se tromper*. De prendre la mauvaise option.

Entre quitter et rester, mais aussi parfois dans la peur de faire le mauvais choix de partenaire lorsque nous sommes célibataires.

Et c'est très angoissant de vouloir déterminer « le bon choix ».

D'une part parce que cela implique que notre mental imagine que nous avons la capacité à y parvenir (ne serait-ce pas se prendre pour le Divin ?), et d'autre part parce que cela sous-entend que jusqu'à présent, nous nous sommes donc peut-être *trompés*.

Notre cœur a peur car il suit les réflexions sans fin de notre mental qui le plonge dans une souffrance abyssale.

Il voit tout ce qu'il a aujourd'hui et se dit que peut-être « il ne peut pas avoir mieux ».

Ou quand il a ce qu'il désire, ou qu'il songe à ce à quoi il aspire, il s'imagine que « c'est trop beau pour être vrai » et que du « mauvais » va arriver.

Il se met à manquer de confiance envers la vie et à penser pauvrement.

À se dire que le changement pourrait être pire que ce qui ne lui convient pas complètement dans le présent.

« La peur est la plus terrible des émotions, la plus paralysante : elle enferme dans un mariage où il n'y a plus de joie ; elle fait dire "oui" quand on voudrait dire "non" ; elle tue dans l'œuf des projets de vie pourtant nécessaires mais auxquels on renonce car ils impliquent trop de changements, trop de confrontations, trop de remises en question. Trop de liberté aussi. Car la liberté fait peur*. »

---

* Extrait du magnifique livre du Dr Christophe Fauré, psychiatre et psychothérapeute français, *S'aimer enfin ! Un chemin initiatique pour retrouver l'essentiel*, Albin Michel, 2018.

Le cœur bloqué dans cette épreuve voit *tout ce qu'il n'a pas*.
Tout ce qui *pourrait être* mieux.
Le mental tourbillonne.
L'analyse de toutes les options qu'offre la vie donne le tournis et nous immobilise dans un non-choix sans saveur et une quête sans fin d'un bonheur terriblement *abstrait*.

Comment sortir plus vite de cette épreuve ?

La puissance de ce chiasme écrit par Sénèque* peut permettre d'ouvrir une fenêtre entre notre cœur et notre mental :

> ***« Ce n'est pas parce que les choses sont difficiles que nous n'osons pas.***
>
> ***C'est parce que nous n'osons pas qu'elles sont difficiles. »***

Le cœur coincé dans le *manque* est en réalité, selon moi, coincé dans *l'insécurité*.
Oui, comme le cœur dépendant, mais à un autre niveau.
Le cœur dépendant est dans l'insécurité affective.
Le cœur apeuré est souvent dans l'insécurité plus générale. Voire matérielle.
Il me semble donc précieux ici d'ouvrir une rapide réflexion philosophique sur l'argent.
L'argent est-il maléfique ?
Les riches ont-ils vendu leur âme ?
Beaucoup de croyances circulent sur l'argent et se transmettent parfois dès l'enfance.

* Philosophe stoïcien (4 av. J.-C.–65 ap. J.-C.).

Je recommande d'ailleurs le livre *Père riche, père pauvre** à ceux qui veulent changer leur relation à l'argent.
L'argent permet d'acheter des formations, de bénéficier des meilleurs médecins, d'offrir un confort certain.
Mais il n'achète ni l'intelligence, ni l'amour, ni la santé.
Et il ne réchauffe pas nos pieds l'hiver dans un grand lit gelé.
Dans ma vision du monde, l'argent a un seul pouvoir, démultiplier le nôtre.
Si nous sommes *a-vides*, blessés ou narcissiques, alors devenir riches nous rendra encore plus vides et nous voudrons sans cesse plus d'argent.
Si nous sommes en paix et heureux, alors devenir riches nous rendra encore plus simples et généreux et nous permettra aussi d'améliorer la vie des autres.
Nous vivons dans une société qui cultive le paraître.
Qui nous laisse croire que l'argent peut tout faire apparaître.
Alors la plupart des gens veulent tout.
À part *être*.
Choisissons dès maintenant d'être libres en nous.
Pour créer un monde où l'argent n'est pas un but. Simplement un atout.
Pour ce faire, questionnons-nous sur nos ancêtres, cherchons les origines profondes de notre mal-être.
Elles sont parfois enfouies dans notre inconscient, héritées de nos aïeux.
Y a-t-il des histoires familiales en lien avec l'argent dans notre arbre généalogique ?

* Un livre de Robert Kiyosaki.

Une faillite, une réussite flamboyante, un héritage important qui s'est transmis sur plusieurs générations, un abandon de fortune au profit d'une association ou d'une institution religieuse, un gain financier à l'origine occulte… Ce ne sont ici que quelques exemples tirés des histoires de vie que j'ai rencontrées au travers des merveilleuses personnes que j'ai accompagnées.

Si nous vibrons cette épreuve, peut-être que ces pistes nous éclaireront.

Et nous permettront de couper enfin cette loyauté au passé.

Car elle est aussi encombrante que désuète.

Cela est possible avec un bon hypnothérapeute, un bon kinésiologue ou des constellations familiales.

Par ailleurs, mettons vite notre discipline à nourrir notre loup blanc.

C'est une métaphore que j'ai construite pour mes clients.

Il y a une vieille fable amérindienne qui parle des deux loups qui se battent en chacun de nous. Le loup de la Guerre et le loup de la Paix.

Le grand-père explique à sa petite-fille que le loup de la Guerre se nourrit de la violence et de la haine et que le loup de la Paix se nourrit de l'amour et de la douceur.

Ils se battent avec force, mais un seul survivra.

La petite-fille demande alors : « Lequel des loups gagne ? »

Et son grand-père lui répond : « Le loup que toi tu choisiras de nourrir. »

J'aime beaucoup cette histoire que j'ai apprivoisée à ma façon.

Je crois que nous avons tous un loup noir en nous. Le loup noir est le loup de la peur.

Il se nourrit du manque, du doute, de la méfiance, du jugement et de la défiance.
En face de lui se bat le loup blanc. Le loup blanc est celui de l'amour.
Il se nourrit de la générosité, de la douceur, de la confiance et de la joie.
Lorsque nous sommes enlisés dans l'épreuve du cœur indécis, nous nourrissons le loup noir et le doute.
Nous cherchons tellement à nous protéger de la peur que maladroitement, nous l'augmentons car nous focalisons sur tout ce que nous risquons.
Une des précieuses leçons que j'ai apprises et que je partage avec vous est celle-ci :

« Là où se porte la concentration, l'énergie jaillit. »

Ce qui signifie que ce sur quoi je mets mon attention augmentera dans ma vie.
Oui, c'est comme l'histoire de l'herbe et de l'arrosage. Juste illustrée avec une autre forme de poésie.
Lorsque nous nourrissons l'amour en portant notre regard sur le beau qui nous entoure, l'amour se démultiplie.
Ce n'est pas toujours simple. Là encore, la discipline est de mise.
Toutefois, la « positivité » ne suffit pas toujours.
La pensée positive est extraordinaire. Toutefois elle fonctionne grâce à la gratitude, qui elle-même fonctionne lorsque nos blessures ont été prises en compte.
Se contraindre à voir le positif sans avoir d'abord appris à aimer la part en nous qui souffre est une torture infinie et ne mène, à mon sens, à rien de vraiment pérenne et solide.

Je crois qu'il est donc précieux d'accueillir la part en nous qui a beaucoup souffert et qui est indécise.
La remercier.
Lister et célébrer tout ce qu'elle nous a permis d'accomplir.
Tout ce qu'elle a aidé à développer de vertueux en nous.
Car, comme le disait Carl Rogers*, c'est lorsque j'accepte ce que je suis qu'enfin je peux changer.
Acceptons ce qui est. Sans le teinter de positif ou de négatif. Simplement ce qui est.
Car ce qui nous semble négatif aujourd'hui a été positif par le passé.
Aimons et accueillons ce que nous refoulons.
Nous pourrons ensuite naturellement évoluer car nous aurons digéré le changement et la leçon.
Ensuite, nous aurons de la gratitude pour l'adversité et même pour ces versions de nous du passé.
Commence alors le cercle vertueux du loup de l'amour.
Il prendra de la force, jour après jour.
Le loup noir continuera de hurler. Il nous appartiendra de lui laisser de moins en moins de pouvoir, pour le laisser diminuer.
Pour mieux ancrer cette métaphore, j'ai mis en ligne deux vidéos sur ce sujet sur ma chaîne YouTube**. Une qui explique pourquoi et comment nourrir notre fameux loup blanc et une qui explique comment sortir de la vibration négative du « et si ».

---

* Psychologue humaniste américain du XXe siècle. Sa méthode met l'accent sur la qualité de la relation entre le thérapeute et le patient. Approche dite « centrée sur la personne ».
** https://www.youtube.com/@sarahjanedehail3910

Car ma seconde suggestion pour quitter cette indécision est d'inverser la malédiction du « et si je me trompais » pour faire place au « et si tout fonctionnait ».
En effet, face aux milliards d'individus sur Terre, l'Univers mettra sur notre route celles et ceux qui nous sont destinés. Des rencontres amicales aux rencontres amoureuses en passant par les relations brèves destinées à nous faire bouger, nous croiserons des humains pour lesquels notre cœur et sa vibration ont été attirés.
Jamais « n'importe qui ».
Alors entraînons-nous à faire **confiance à la vie**.
C'est ainsi qu'Édouard a lâché ses tableaux Excel et a rencontré une femme incroyable.
Une femme blessée aussi. Mais prête à refaire confiance, petit à petit.
Depuis, ils sont toujours ensemble.
Ils apprennent la relation vraie, traversant des hauts et des bas, avec amour et vulnérabilité.
Chacun d'eux grandit grâce à l'autre.
Cela durera le temps nécessaire à faire progresser chacun encore plus profondément dans l'amour de lui. Et parfois, ces relations durent toute une vie.
Car l'amour vrai sublime la blessure enfouie (voir le chapitre 7).

Secret fondamental à retenir de cette épreuve

Vivre dans le PRÉSENT.
Trouver sa routine, sa discipline (le sport, la méditation, la marche en forêt, la musique...) qui ancre dans l'ici et maintenant, ne serait-ce que quelques minutes chaque jour.

Plein de disciplines le permettent, ma préférée est le rire. Car le rire est toujours dans l'instant.
« La véritable générosité envers l'avenir consiste à tout donner au présent », disait si merveilleusement Albert Camus.

CHAPITRE 5

L'épreuve du cœur apeuré ou la relation refusée

« La croyance que rien ne change provient soit d'une mauvaise vue, soit d'une mauvaise foi. La première se corrige, la seconde se combat. »

Friedrich Nietzsche

« Aucun homme n'est une île, complet en soi-même ; chaque être humain est une partie du continent, une partie du tout », selon John Donne.

Le nourrisson a besoin des yeux, du contact et de la voix de sa mère pour survivre et se développer. Nous avons besoin d'échanger, d'interagir, pour nous sentir exister. Même dans leurs périodes de silences, les futurs moines bouddhistes ne sont pas seuls.

Parfois nous changeons seuls, par la lecture de livres, la rencontre d'une œuvre cinématographique ou par le bouleversement provoqué par un poème. Parfois nous changeons sans percevoir le changement car il est issu du cycle naturel de notre vie, comme la chenille qui devient papillon.

Parfois nous voulons changer mais nous n'y parvenons pas.
Nous avons alors besoin d'aide.
Face à l'influence grandissante des sources d'information, aux pressions sociales, à l'envie de plaire et de satisfaire, je me suis longtemps interrogée sur la source de la motivation que nous avons à vouloir changer.
J'en ai même fait, il y a quelques années, le thème de mes recherches lors de mon mémoire, ayant repris les études universitaires afin d'obtenir les diplômes nécessaires pour accompagner professionnellement des humains dans leur changement.
Sommes-nous nos choix, comme le disait Jean-Paul Sartre*, ou sommes-nous la somme des choix des autres ? Et à qui donnons-nous le pouvoir de nous donner l'envie de changer ?
Le cœur apeuré s'enlise dans des questions existentielles et fondamentales.
Persuadé qu'il est seul à pouvoir y répondre, il rejette toute forme de relation intime.
Il a peur de souffrir et pense que la solution la plus simple est l'absence de relation.
Malheureusement, ce n'est pas ici un choix guidé librement. C'est une réaction, donc un comportement subi.
J'ai rencontré majoritairement des femmes coincées dans cette épreuve.
Des hommes aussi cependant.
Contrairement à l'épreuve précédente, ici la relation est *refusée*.

* Philosophe et écrivain français du XXe siècle, représentant du courant existentialiste.

La personne s'est résignée au célibat, le cœur étant persuadé que c'est « le meilleur choix ».
Soit pour « purger » ses toxines, comme on jeûnerait après un repas lourd et chargé.
Soit pour « avancer plus rapidement » puisque l'on entend souvent que seul, on va plus vite.
Le dénominateur commun reste la croyance qu'une relation est une entrave potentielle à l'épanouissement individuel.
Ou que pour combattre la peur du manque, la meilleure solution est l'autarcie.
Et, comme nous l'avons déjà évoqué plus haut, nous avons toujours les vibrations et les comportements qui visent à confirmer ce en quoi nous croyons.
Aussi, dans cette épreuve, nous attirons des gens qui ne seront pas exactement ce que nous avions **idéalisé** comme « dignes de l'amour vrai ».
C'est assez brillant comme stratégie.
Avoir une idée précise et définie de ce que doit être la bonne personne pour nous.
Ou de ce que nous devons ressentir pour être dans l'amour fou.
Ou encore, de ce que nous changerons dans notre vie quand nous serons face à « la bonne personne pour nous ».
… c'est la meilleure manière d'être certains d'être déçus **à tous les coups**.
Rien dans ce monde n'est destiné à nous compléter.
Nous sommes déjà complets en nous.
Nous avons simplement à embrasser ce que nous sommes pour vibrer cette confiance et attirer un jour quelqu'un avec qui vibrer plus grand et plus fort.

Alors chercher cette « âme sœur », cet « amour de notre vie », est un moyen d'enfouir son esprit dans le rêve et l'irréel.
C'est refuser la vie.
On se raconte qu'on est mieux seul. Plus heureux, plus libre, plus épanoui…
Mais ce n'est pas vrai.
C'est le mensonge que l'on se raconte pour se draper confortablement dans son délicieux déni.
Car oui, il y aura des phases de célibat – et parfois de longues phases, pour certains d'entre nous. Le célibat est une expérience relationnelle comme une autre.
L'expérience de soi.
Je crois bien volontiers que parfois, le célibat peut être un vrai choix. Parce que la spiritualité nous y a conduits. Cela reste toutefois rare selon moi.
Car je crois que celles et ceux qui « choisissent » le célibat ont souvent des relations amicales ou familiales très fortes qu'elles/ils construisent à côté pour, inconsciemment, « compenser ».
Comme je l'évoque au chapitre 3, je me demande parfois si le cœur de ma mère n'était pas coincé dans cette épreuve-là.
Elle me demandait de lui rembourser chaque dépense d'argent qu'elle pouvait faire pour moi (jusqu'à lui rendre un euro pour une salade ou participer à ses frais d'essence si elle me véhiculait quelque part, par exemple).
J'ai longtemps mis vulgairement ces agissements sur le dos d'une personnalité radine, parce que, le nez collé à qui j'étais, je les confrontais à ma vision de l'amour maternel – ou plutôt à l'idéal auquel j'aspirais.

Cependant, la profondeur de mon travail intérieur m'amène aujourd'hui à beaucoup questionner les concepts de bien/mal et à me détacher des jugements qui catégorisent les gens.

J'ouvre mon esprit à ce qu'elle vivait *peut-être*. Je n'en ai bien entendu aucune idée, puisque nous seuls connaissons notre monde et ses nuances.

Je me dis simplement qu'il est possible que ce soit la peur liée à cette épreuve dans son cœur qui influait ainsi sur ses comportements et ses choix (notamment son incapacité de donner). Et qu'elle devait réellement croire qu'elle était dans la précarité financière, parce que son cœur était dans le manque de tout.

Et je sais combien les miens (de comportements et de choix) ont changé depuis que j'ai apaisé et cicatrisé bien des blessures en moi.

Je crois que notre relation à l'argent vibre en écho à notre relation à l'amour et particulièrement à l'amour de nous-mêmes.

Or l'amour nourrit l'estime et la confiance...

La peur du manque *(l'insécurité matérielle comme émotionnelle)* peut devenir tellement intense que le loup noir prend dans notre tête une place immense.

C'est à mon sens le côté terrible (voire diabolique) de notre mental qui cherche la toute-puissance.

Nous finissons par nous méfier de presque tout et de presque tout le monde.

Nous redoutons que nous puissions nous prendre « le peu que nous avons ».

Convaincus d'avoir peu ou de mériter peu..., l'énergie jaillit sur le « peu ».

Nous avons alors de moins en moins.
Un passage de l'évangile de saint Matthieu que j'aime beaucoup (la Bible reste le premier livre spirituel à mon sens, que nous soyons croyants ou pas. Et personnellement, j'aime de nombreux passages de Matthieu) dit :

> ***« On donnera à celui qui a et il sera dans l'abondance, mais à celui qui n'a pas, on ôtera même ce qu'il a*. »***

À mon sens, il évoque le talent d'avoir de la gratitude. Il nous encourage à célébrer et rendre grâce pour ce que nous sommes et ce que nous avons *déjà*.
Et ceux d'entre nous qui développent ce talent seront toujours dans l'abondance *de tout*.
Malheureusement, à ceux d'entre nous qui cultivent la victimisation, la jalousie, l'envie et la vengeance, la vie leur enlèvera le « peu » qu'ils ont.
Et ils confirmeront ainsi leurs croyances…
Lorsque nous en prenons conscience, la discipline nous aidera à nourrir notre loup blanc.
Si toutefois nous éprouvons la sensation que nous nous imposons, malgré tout, une sorte de « frugalité intime », il peut être judicieux de nous questionner sur les expériences vécues dans notre famille, par le passé.
Y a-t-il des personnes religieuses dans notre arbre généalogique ? Des ancêtres qui auraient vécu des vies très spirituelles ou qui se seraient au contraire engagées dans des voies de grandes solitudes (armée, marine, vagabondage…) ?
Y a-t-il de grandes ruptures dans notre arbre généalogique ? Des deuils précoces, une trahison… ?

* Évangile selon saint Matthieu (25, 14-30).

Y a-t-il un de nos parents ou grands-parents qui a été déçu par l'amour ? Suffisamment frustré pour que nous nous imposions de l'être à notre tour.
L'interdiction inconsciente de dépasser le passé… Par amour, loyauté, fidélité.
Assurons-nous que nous ne sommes pas en train de vivre l'expérience d'un membre de notre lignée. Une histoire qui se reproduit, c'est un triste schéma qui nous prive de notre vie.
Nous avons le droit de faire nos expériences. De nous délivrer de ce que, par amour et par loyauté, nous avons porté et reproduit pour les autres pendant des années.
Parfois des générations reproduisent, sous des formes diverses et variées, les mêmes expériences.

Comment reconnaître cette épreuve ?

Voici quelques exemples de situations qui m'interpellent :

- Quand nous croyons que le célibat est la meilleure des voies. Que nous pensons que la solitude nous épanouit et nous va comme un gant.

Nous sommes persuadés que personne ne peut comprendre qui nous sommes ou nous aimer inconditionnellement.
Nous avons renoncé à l'amour, pensant que nous sommes plus réalistes que tous les fous qui nous entourent.

Nous croyons parfois que nous sommes trop âgés pour changer, pour oser une relation vraie.

- Quand nous sommes enlisés dans une relation qui « a le mérite d'être là » mais que nous ne l'habitons pas. Nous existons tant bien que mal *à côté*.

Nous ne nourrissons ni l'autre, ni la relation.
Nous sommes dans un entre-deux. Un truc tiède et mou.
Cette consistance est le reflet de ce qui se joue en nous.
Nous vivons dans nos rêves. Pour nous, Madame Bovary avait tout compris.
L'amour n'est que tragédie.
Mieux vaut le fuir et nous résigner à une vie d'ascètes.
Avoir peu d'amis, ne pas trop nous ouvrir, limiter les accès.
Le cœur a peur. Il ressent tout. Beaucoup.
Mais il a des envies immenses qu'il juge démesurées.
Alors il se cache dans son terrier.
Notre dicton favori pourrait être : « On n'est jamais mieux servi que par soi-même. »
Nous croyons que les relations exigent ou attendent des choses de nous.
Car nous-mêmes les considérons ainsi.
Alors, dans le doute et l'hésitation, pour nous protéger, nous fuyons.

Quels sont les pires dangers de cette épreuve ?

La double peur de ne pas être à la hauteur de ce que l'autre voudrait que nous soyons et que l'autre ne soit pas à la hauteur de ce que nous, nous attendons, repose sur une blessure qui affirme que « l'amour, c'est donnant-donnant ».

Nous croyons donc que nous devons rendre à l'autre ce que nous recevons de lui et que l'autre doit nous rendre au moins ce que nous lui donnons.

Cette croyance nous amène alors à refuser une relation intime et complice parce que nous redoutons les défaillances de l'autre autant que les nôtres.

Malheureusement, par peur de perdre, nous nous assurons de perdre.

Nous nous enfermons dans une frugalité ou une sécheresse émotionnelle. Puis, lorsque nous nous « résolvons » à reconnaître que nous avons envie de l'autre et d'une relation profonde, nous débarquons avec des attentes faramineuses et des exigences colossales !

Puisque nous sommes sur la retenue et que nous puisons dans nos réserves depuis si longtemps.

Alors, souvent, nous faisons fuir l'autre dès qu'il approche, à coups de reproches (exprimés ou non) puisque nos espoirs ne peuvent être comblés.

Ou bien nous serons immensément désemparés, puisque l'autre ne se révélera être qu'un humain, plein d'imperfections.

C'est un cercle paradoxal et absolument vicieux.

Nous serons déçus face à nos attentes déchues et confirmerons à nouveau notre croyance que la relation intime est un terrain semé de mines et qu'il est bien plus sain d'en rester loin.

Cette épreuve est parfois exacerbée par nos ambivalences :

- l'envie d'être uniques se heurte à l'angoisse d'être ridicules ;
- l'envie d'aimer se cogne contre l'appréhension d'être enfermés ;
- l'envie de croire percute le risque de déception.

À tout vouloir, nous finissons par tout nous refuser. Et à nous construire un monde intérieur d'illusions, de souvenirs de joies passées exacerbées ou de rancœurs contre ceux qui nous ont dépassés.
Avoir mal à cause de l'amour est un risque, il est vrai. Mais « une vie sans amour est comme une année sans printemps* ».
Se convaincre que l'on peut vivre sans amour, n'est-ce pas le pire des mensonges qui soient ?
Antoine de Saint-Exupéry le disait merveilleusement :

> *« Bien sûr que je te ferai mal. Bien sûr que tu me feras mal. Bien sûr que nous aurons mal.*
>
> *Mais ça, c'est la condition de l'existence.*
>
> *Se faire printemps, c'est prendre le risque de l'hiver. Se faire présent, c'est prendre le risque de l'absence…*
>
> *C'est à mon risque de peine que je connais ma joie**. »*

Je ne souhaite à personne de vivre sans joie.
Dans la médecine ancestrale, **la joie est l'énergie du cœur**. Lorsque le cœur va mal, nous perdons beaucoup nos accès à la joie.
Et vice versa.

---

* Edmond Rostand.
** Lettre à Natalie Paley, 1942.

Comment sortir plus vite de cette épreuve ?

Le sentiment de richesse produit la richesse.
Car ce que je crois prédomine sur ce que je désire.
Si je veux être riche (ou amoureux) mais que je crois cela impossible, la vie me confirmera que c'est impossible.
Il est donc essentiel d'aller à la racine pour développer la paix, la sécurité intérieure et l'amour de soi.
La PNL* ou les techniques de thérapies brèves peuvent fonctionner si notre « terreau » intérieur est fertile et prêt à recevoir cette graine de liberté.
Si cela ne « pousse » pas ou que nous maintenons des schémas de résistance, ce n'est pas que nous sommes défaillants ou moins méritants que les autres.
Selon moi, quand on veut on peut, sauf quand on ne peut pas.
Quand on ne peut pas, c'est qu'il y a une blessure enfouie qui crie.
L'urgence est d'aller d'abord là.
Ensuite, une fois réparés (ou une fois cette part d'ombre acceptée), nous allons pouvoir changer notre regard sur la vie.
Comme le disait Marcel Proust, « le véritable voyage de découverte ne consiste pas à chercher de nouveaux paysages, mais à avoir de nouveaux yeux** ».

---

* Programmation neuro-linquistique : outil de développement personnel et d'accompagnement au changement déposé aux États-Unis par John Grinder et Richard Bandler. Développé ensuite par de nombreux contributeurs dont Robert Dilts, auteur et coach américain.

** *À la recherche du temps perdu* (1913-1927), tome 5, *La Prisonnière*.

Car il n'y a pas de réalité. Il n'y a, selon moi, que des *perceptions* de la réalité.
Lorsque notre système intérieur change, notre vision de nous et notre réalité changent :

- si je me sens nul, perdu, désemparé : l'obstacle est un problème ;
- si je me sens stable, dans un état neutre : il apparaît comme un défi à relever ;
- si je m'aime, que je suis confiant : il devient une opportunité.

Qu'est-ce qui influence notre perception ?
Selon moi, trois ingrédients majeurs :

- notre amour de nous-mêmes/notre santé émotionnelle ;
- notre vitalité/notre santé physique ;
- l'environnement dans lequel nous sommes.

Bien entendu, ils s'influencent aussi les uns les autres.
Ils sont donc nos trois leviers pour sortir de cette épreuve au plus vite.
Il est essentiel de les nourrir avec soin.
Décider de s'aimer. Et prendre un chemin. De la connaissance de soi à la thérapie, chacun prendra la voie qui lui convient. L'important est d'en prendre une, même si on se trompe au début.
Tous les chemins mènent à la réparation du cœur pour celui qui marche.
Alors en route et marchons. (Ou courons si nous le pouvons.)
Prendre en main sa santé. Si le corps est fatigué, mal nourri voire carrément épuisé, nous ne pourrons pas prendre de décision majeure.

Il est primordial de recharger nos batteries physiques.
Et enfin, s'offrir un environnement relationnel fertile et sain.
Nous l'entendons souvent quand nous commençons à nous intéresser au développement de soi : nous sommes la moyenne des cinq personnes avec lesquelles nous passons le plus de temps*.
Je peux parler des heures de l'influence de nos relations. C'est d'ailleurs un cours spécifique dans mon programme d'accompagnement.
Cette influence est, selon moi, en partie neurologique (le principe des neurones miroirs : nous apprenons beaucoup par mimétisme) et en partie autoconditionnée par nos blessures non réparées.
En effet, nombre d'entre nous (et j'en ai fait longtemps partie) s'imposent des relations par devoir, par éducation, par injonction intérieure (faire plaisir, faire le bien, faire charité) ou même par convention (les fameux « ça ne se fait pas » qui enferment tellement de gens).
Ces relations que nous nous imposons, bien souvent, ne nous aident pas.
Sinon, nous n'aurions pas le sentiment de les subir. C'est aussi simple que ça.
Et je parle bien des *relations*. Pas des personnes.
Nous pouvons aimer profondément un autre être humain, mais cependant avoir une relation avec lui qui nous tire vers le bas, nous immobilise ou, pire, nous détruit.

* Attribué à Jim Rohn ou parfois à Tim Ferris. J'ignore donc l'auteur exact de ces mots.

Un exemple

Si je veux arrêter de fumer et que mes amis fument, mon projet va probablement les déranger un peu, voire leur faire peur.

Car il va les renvoyer à leur condition de fumeurs et les faire douter.

D'eux, de leur capacité, de leur bonne santé...

En filigrane, il y aura aussi potentiellement la peur que nous nous éloignions.

Leur inconscient va se dire : « S'il arrête de fumer, il va faire plus de sport. Il aura aussi plus d'argent pour se faire plaisir et voyager. »

L'ami qui m'aime profondément et a confiance en lui va peut-être m'imiter ou au moins m'encourager pour ma bonne idée.

L'ami qui doute de lui, a peur de perdre ou n'est pas épanoui dans sa vie, va paniquer face à ce changement.

Ce n'est peut-être pas exactement ce scénario au mot près, toutefois va se jouer un schéma invisible qui visera soit à soutenir et favoriser le changement, soit au contraire à maintenir les choses comme elles sont.

Notre cerveau est là pour assurer notre survie. Je rappelle qu'il n'a pas pour mission de construire une vie épanouie.

Donc entre un « non certain » et un « oui hypothétique », il préfère souvent le « non certain ». Il se sent protégé par ce qu'il maîtrise. L'absence de danger l'emporte sur le risque, malgré l'absence certaine de gain.

Il ne va donc pas nous encourager à nous diriger vers une réussite potentielle.

C'est la même chose pour l'ami coincé dans la peur.

Dans la relation telle qu'elle est, il a trouvé sa place. Alors pourquoi s'infliger le risque de la perdre ?

Mony Elkaïm*, qui est pour moi l'une des figures angulaires de la thérapie familiale, explique avec brio les jeux cachés qui maintiennent les schémas relationnels (principe de la systémie).

C'est ainsi que les amis fumeurs nous encourageront souvent à fumer. Pour rester *comme eux.*

Les amis casaniers ne nous entraîneront pas à sortir au théâtre ou à faire du sport.

Les personnes défaitistes et ancrées dans la victimisation auront beaucoup de mal à se réjouir pour nous ou à nous soutenir dans nos envies de lancer de nouveaux projets. Encore plus à nous féliciter si nous y parvenons.

Car elles projetteront sur nous leurs propres peurs ou leurs propres regrets.

Notre responsabilité est *envers nous-mêmes* avant tout.

Je ne dis pas que nous ne devons nourrir que des relations avec des gens sportifs et positifs et jeter les autres aux oubliettes.

Je crois simplement que nous devons être conscients des jeux invisibles pour ne plus en être les pantins et devenir acteurs de nos relations.

Savoir ce qu'une relation nous apporte permet de ne pas attendre ***tout*** de cette relation (donc d'en être inévitablement partiellement déçus) mais de venir y chercher justement **ce qu'elle a de bon pour nous**.

* Psychiatre et psychothérapeute du XXe siècle auteur de nombreux ouvrages, dont *Si tu m'aimes, ne m'aime pas. Approche systémique et psychothérapie*, en 1989, traduit depuis en plusieurs langues.

Et la contenir et la restreindre en termes de temps et d'attention parfois, si elle ne nous apporte pas beaucoup de bon (ce qui pourra changer dans le futur évidemment, mais nous vivons dans le présent).
Quand nous nous cachons derrière des devoirs moraux, des croyances ou des concepts pour refuser de nous aimer et d'oser croire en nos rêves, nous ne nourrissons en réalité qu'une seule chose : notre peur de réussir et de prendre notre place.
Quand nous nous entourons de gens qui nous élèvent, qui croient en nous, nous faisons des bonds de géant dans l'amour de nous-mêmes.
Car ces personnes-là, pour être capables de cet amour inconditionnel envers nous, s'aiment probablement déjà elles-mêmes.
Voici comment Mark Twain* le dit :

> ***« Détournez-vous de ceux qui vous découragent de vos ambitions. C'est l'habitude des mesquins. Ceux qui sont vraiment grands vous font comprendre que vous pouvez le devenir aussi. »***

C'est assez logique, non ? Quelqu'un qui va bien dans son cœur et son esprit a bien mieux à faire que de critiquer ou rabaisser autrui.
Les jugements et les mots blessants des autres ne parlent que d'eux. De leurs peurs et de leurs blessures. Quand leurs actes ou leurs paroles nous heurtent, c'est souvent qu'ils ont percuté (intentionnellement ou pas) un endroit fragile en nous.

---

* Connu pour son roman *Les Aventures de Tom Sawyer* (1876) et sa suite *Les Aventures de Huckleberry Finn* (1884).

Au lieu de riposter, coup pour coup, nous pouvons remercier la douleur, car elle nous indique exactement l'endroit en nous qui a encore besoin d'amour et de douceur.
Argumenter, combattre, répondre, se justifier… C'est accorder de l'attention, du temps et de l'énergie à une source de maltraitance.
Il y a bien entendu des personnes extraordinaires qui nous aideront à progresser par des critiques négatives bien intentionnées. Nous saurons les distinguer, car elles viennent de personnes réellement préoccupées par notre bonheur et notre joie.
Savoir donner et savoir recevoir une critique négative construite et argumentée enrichit et solidifie une relation souvent déjà saine.
Cela nourrit (autant que cela repose sur) la **confiance**.
Et non sur la peur. C'est toute la différence.
En conclusion, si je m'alimente de choses malsaines, que je regarde de la violence dans les journaux ou à la télévision et que je m'inflige des relations avec des personnes qui m'empêchent d'évoluer et de m'épanouir, je vais rester dans la peur de perdre le peu que j'ai.
Car je ne nourris que le vide et la peine.
Prendre soin de notre corps, de notre cœur et de notre environnement relationnel va permettre à nos potentiels de joie et d'amour de fleurir et de grandir en nous.
Évidemment, je n'invite pas à éjecter de notre écosystème tous nos proches en souffrance. L'entraide, la transmission et l'amour des autres nourrissent notre cœur intensément.
Il est précieux de distinguer un proche qui vit un moment d'adversité intense, a mal et a besoin de notre aide pour retrouver sa paix et son estime de soi, d'une personne

qui a enfilé un costume de victime depuis des années et cherche à nous refiler le même !

Secret fondamental à retenir de cette épreuve

Nous délivrer des loyautés désuètes pour être libres dans tout notre Être.
Hier n'est pas aujourd'hui.
Nous entourer de personnes qui nous élèvent et nous dynamisent.
Quand la peur nous hante et nous dépasse, c'est souvent que nous ne sommes pas à notre place.
Trouver l'alignement et la liberté de vivre notre propre expérience permet de développer en soi, aussi paradoxalement que cela puisse sembler, la profondeur et la légèreté.
Car nous trouvons enfin notre centre de gravité.

CHAPITRE 6

L'épreuve du cœur éveillé ou la relation expérimentale

« Il y a quelque chose à l'intérieur de vous qui est bien plus grand que n'importe quel obstacle. »

Christian Larson

Mon esprit envoie ici plein de douceur à toutes les personnes merveilleuses qui me contactent et qui, lors du premier entretien téléphonique que je leur offre, me demandent si je peux les aider à « *trouver l'amour* ».
Ça me fait toujours sourire parce que l'un de mes rêves d'autrefois était d'ouvrir une agence matrimoniale et j'y repense parfois. Trouver un moyen de réunir un jour toutes les personnes avec lesquelles j'ai travaillé et qui ont plein de points communs.
Cependant, lors de cet échange de découverte, j'explique que si je répondais oui à leur demande, je me sentirais comme un charlatan qui s'imagine des dons et des connexions avec les Cieux. Car je ne connais personne qui ait de boule de cristal véritable, du moins personne de sérieux.

Je ne dis pas que cela n'existe pas – les médiums et les boules de cristal.
D'ailleurs j'en ai parfois consulté. Dans mon expérience à moi, néanmoins, ça m'a surtout apporté un soulagement immédiat, par du rêve ou de l'espoir ou de l'aide pour faire un choix, mais jamais de réponse « avérée et confirmée » sur ce qui m'arriverait ou pas.
En revanche, je réponds à ces personnes que réparer son cœur permet de se rendre accessible et prêt à l'amour vrai. Ou de le retrouver quand on l'a perdu de vue.
Cela permet d'être fertile, perméable, d'avancer vers la vulnérabilité.
Et d'apaiser profondément cette impression d'en manquer.
Car avoir envie d'aimer et d'être aimé est juste. Légitime. Merveilleux.
Qui a dit que l'on n'avait pas le droit d'être heureux à deux ?
Certainement pas moi.
Simplement, si certaines de nos réactions physiques et physiologiques sont scientifiques et rationnelles, une part de l'amour (au sens du couple) reste imprédictible, en ce qu'il représente une union de deux imperfections humaines.
Et c'est rassurant, non ?
Je me rappelle cette série étrange, *The One*, où des chercheurs avaient élaboré un moyen « scientifique » de trouver notre « âme sœur » sur Terre.
Cela détruisait des couples qui fonctionnaient merveilleusement, parce que l'un des deux membres du couple découvrait qu'il avait un « match » (quelqu'un de purement et parfaitement compatible avec lui selon la

science) quelque part sur Terre. Il était alors obsédé par cette rencontre, vendue comme extraordinaire.
Il en « désaimait » son partenaire, qui jusqu'alors le rendait très heureux.
Cette série fictionnelle me permet d'illustrer plusieurs détails de ma vision de l'amour à deux.
Le premier, c'est que je ne crois pas au mythe de la personne parfaite pour nous quelque part sur Terre.
J'aime les contes de fées et j'ai cru au père Noël des années. Je crois même à l'aide invisible et aux anges gardiens.
Toutefois, je crois que l'amour terrien est un choix.
Et qu'à l'instar du stoïcisme, l'amour à deux nous demande de la détermination et de l'engagement autant que de l'envie. Comme une entreprise, en quelque sorte.
La bonne nouvelle, c'est qu'il y a donc plus d'une personne sur Terre susceptible de devenir LA bonne personne pour nous. Mais elles ne peuvent le devenir que si elles le décident **et** que nous les y aidons.
Mieux nous sommes réparés, mieux nous avons intégré tous les secrets des gens qui s'aiment, mieux nous réussirons dans cette épopée.
Le deuxième, c'est que nous ne sommes pas en marbre.
Nous ne sommes pas non plus juste de la chair et des os.
Il y a des corps dans le coma qui sont « en vie » biologiquement, mais qui ne vivent pas.
Nous portons donc en nous tout un système émotionnel absolument invisible, impalpable et unique.
Et à mon sens, ce système change beaucoup au cours d'une vie.
En partie de notre fait, par nos actes délibérés.

En partie malgré nous, par les événements ou les rencontres auxquels il est exposé.
Alors comment la compatibilité de deux humains seraitelle vérifiable et définissable si ce n'est uniquement à un instant T, dans un espace où tout serait arrêté et émotionnellement immunisé ?
Puisque nous changerons, chacun de nous.
Et que rien ne dit si nos changements maintiendront cette compatibilité (ou cette incompatibilité) durant « toutes nos vies ».
En écho aux couples dont je parle dans certains chapitres, il est possible d'avoir été parfaitement compatibles à un moment de nos vies. En raison des épreuves que nos cœurs respectifs avaient à traverser.
Puis de ne plus l'être un jour parce que nos cœurs n'ont pas évolué au même rythme ou dans la même direction.
Et vouloir absolument s'assurer que notre cœur va évoluer comme celui de la personne que nous aimons, ce serait l'expression d'une peur... Je vous renverrai donc au chapitre de la dépendance ou du contrôle (voir p. 55).
Car l'amour vrai n'est possible que dans l'incertitude et la liberté, comme nous en parlerons au chapitre suivant.

Si lire cela déclenche en nous un sentiment inconfortable, un truc étrange qui pousse peut-être à vouloir contredire ce qui est écrit, fermer ce livre ou démontrer que ces mots ont tort...
Respirons tranquillement.
Revenons à nous.
Bien sûr que j'ai peut-être tort. Bien sûr que nous sommes peut-être une *exception*.

La croyance qui nous aide et nous améliore est toujours la bonne.
Ajoutons simplement aussi celle-ci dans notre esprit :

la vie suffit.

C'est ainsi qu'à la fin de leur travail avec moi, les personnes qui viennent me voir pour que je les aide à *trouver l'amour* se retrouvent souvent directement aux portes de cette épreuve de l'expérimentation.
J'en imagine certains d'entre vous se demander : « Ah bon ? Mais pourquoi une fois réparées, elles n'arrivent pas directement à l'étape d'après ? Celle de la vulnérabilité et de l'amour inconditionnel ? »
Et je salue ce besoin d'efficacité, de certitude ou de justice qui vous habite.
Ma réponse, avec toute l'humilité que je peux y mettre, est simplement que mon travail de réparation ne consiste pas à faire le travail *à la place* de la personne.
Simplement à lui permettre d'avancer à nouveau quand elle est bloquée ou qu'elle tourne en rond dans un schéma de répétition.
De plus, cette étape et la suivante sont, à mon sens, extrêmement riches et intéressantes. Aussi il est précieux et important que nous les vivions.
Car nous ne sommes plus ici dans la souffrance inconsciente.
Nous avons appris à distinguer ce qui relève de nos blessures et de notre armure (caché dans l'ego, l'avoir et le paraître souvent) de ce qui est inhérent à notre singularité profonde (notre être et ses pouvoirs).

Alors nous savons accueillir la douleur, l'échec, le rejet, l'abandon, l'injustice, la honte... d'une tout autre façon.
Une façon qui fait grandir et non souffrir.
Une façon qui, avec l'expérience, peut même faire sourire.
Car lorsque nous nous aimons pleinement nous-mêmes, nous regardons avec tendresse le chemin qu'il nous reste à parcourir et avec fierté celui déjà parcouru.
C'est ainsi que je me souviens de Justine, qui, a la fin de son travail avec moi, acceptait l'infidélité de son conjoint comme faisant partie de son chemin à lui et savait ce qu'il lui restait à faire pour elle.
Ou encore de Marina, qui a quitté la relation de dépendance dans laquelle elle suffoquait pour en « expérimenter » de nouvelles.
Elle est venue à l'un de mes séminaires un an après la fin de notre travail et elle avait énormément changé. Elle avait équilibré ses énergies masculines et féminines, elle parvenait à s'affirmer auprès de son associé très directif et différent d'elle, elle acceptait d'être vulnérable dans ses relations amoureuses et d'accueillir la douleur d'être quittée. Car cette douleur fait partie du chemin.
Comme j'aime le rappeler, il y a des unions vraies et il y a aussi des ruptures vraies.
Quitter ou être quitté quand aucune relation constructive n'est possible à l'instant T, c'est extrêmement sain.
Il n'est pas possible d'avoir ce que nous voulons sans lâcher ce que nous ne voulons pas (ou plus).
J'appelle ce principe « accepter de perdre pour gagner ».
Et cela fait naturellement écho aux propos d'Antoine de Saint-Exupéry cités dans le chapitre précédent.

Lorsque nous ne lâchons pas ce que nous *pensons* ne plus vouloir, c'est souvent que :

- notre mental pense ne plus vouloir de cette relation tandis que notre cœur et notre inconscient voient plus loin que nos yeux

ou

- notre cœur est prisonnier d'une peur.

Dans le second cas, il sera incontournable d'identifier laquelle pour l'apaiser et sortir de l'épreuve (et de la relation en question).
Je me souviens aussi d'Édouard, dont on a parlé au chapitre 4.
Il est entré dans cette épreuve en rencontrant une femme incroyable et avec qui il a cheminé jusqu'à l'épreuve 7, dans laquelle nous restons ensuite quand nous le pouvons, le plus longtemps possible évidemment. Pour grandir, s'améliorer et sublimer nos blessures ensemble.
Je me souviens également de Marco, qui a réussi dans notre accompagnement à se débarrasser enfin de toute la colère qui régnait en lui. Celle dont il avait hérité et celle qu'il avait développée en plus, par loyauté.
Il était beaucoup dans le doute et l'analyse quand je l'ai rencontré. Incapable de faire un choix, il pensait que le Graal était un mix de plusieurs femmes, disponibles uniquement à sa discrétion. Les relations l'étouffaient. Qu'elles soient professionnelles, amoureuses ou même amicales, il avait besoin d'espace.
Parce que son cœur avait peur de la part de lui-même qu'il ne comprenait pas et la rejetait.
Après une réparation intense dans laquelle il s'est laissé guider pleinement en m'offrant sa confiance et en

s'investissant (et je l'en remercie encore, comme chacun de mes clients), il m'a offert une merveilleuse surprise lors de notre dernière session en m'expliquant qu'il venait de rencontrer une femme et qu'il avait envie de donner à nouveau. *(Et je crois que donner permet d'aimer. Et inversement.)*

Il m'a dit : « Quand j'ai peur ou que je me sens heurté, je lui demande de me parler d'elle en expliquant que je ne comprends pas sa réaction ou ses mots. Autrefois, j'aurais fui ou je l'aurais confrontée brutalement. J'aurais voulu la tordre. Maintenant je n'ai plus peur de m'approcher et de demander. Et je m'aperçois que ça conduit souvent à quelque chose de mieux que ce que j'aurais imaginé. Et je sais que si ça ne me nourrit plus, je saurai partir sans avoir peur de dire ce que je ressens, parce que maintenant, je peux m'y fier. Ce sont mes émotions et je les reconnais. »

Il y a aussi eu Sophie et Stéphanie. Qui ont rejoint mon programme dans l'objectif d'apaiser leurs peurs d'aimer. Sortir du contrôle et du rejet pour l'une, et de l'excès d'altruisme et d'abandon pour l'autre.

Ou encore Violette, qui campait dans le célibat et réalisait que ce n'était pas vraiment un choix.

Nous avons œuvré ensemble à réparer leurs blessures pour sortir leur cœur des pièges qui les bloquaient.

Chacune d'elles est entrée dans une histoire avec un homme à peine quelques semaines après leur réparation émotionnelle avec moi. Même avant la fin de notre travail pour l'une d'elles.

J'aime quand j'ai de leurs nouvelles. Parfois je m'autorise à en prendre, discrètement, quand elles m'envoient un clin d'œil sur l'un de mes réseaux sociaux.

L'une d'elles a choisi une relation longue distance, l'autre une relation avec un homme pas encore prêt à s'engager. En conscience et avec paix.
Chacune sait que son cœur est pleinement éveillé, c'est-à-dire qu'elles sont dans l'expérimentation.
Elles décrivent goûter à une relation qui leur donne envie, sans vivre encore complètement dans la vulnérabilité.
Car elles y vont « petit à petit », en apprenant à entrouvrir la porte, comme je l'explique au prochain chapitre.
Je me rappelle moi aussi avoir maladroitement demandé à un homme qui me plaisait mais qui ne s'engageait pas comme moi je l'aurais aimé (le besoin de contrôle et l'analyse) : « Et si on y allait progressivement et chacun à son rythme mais que l'on avançait l'un vers l'autre ? »
J'avais envie d'être vulnérable, mais pas toute seule !
Quand je m'en suis aperçue (grâce à la discipline de l'amour de moi), j'ai beaucoup ri.
Ce n'était pas une demande d'amour mais une demande d'être rassurée, reconnue ou « à égalité ».
L'amour n'a pas besoin de tout ça. Alors je suis revenue à moi. Pour me demander si ce que je recevais de lui dans notre relation, bien que maigre et parfaitement différent de ce que je pensais absolument vouloir, me convenait.
Je dis bien me « convenait » et non me suffisait.
Attention à la blessure de dépendance, qui se contente des miettes !
Le cœur dépendant trouve des excuses à des comportements insatisfaisants, inadaptés voire maltraitants !
Il revit souvent ce qu'il a vécu enfant (ou ce qu'un de ses ancêtres a vécu) et s'y complaît car cela a le goût d'un déjà-vécu.

Il va donc s'accrocher à des souvenirs du passé (« Autrefois, il/elle m'a donné ça, cela recommencera peut-être ») ou à des miettes dont il fera des festins (« Il/elle me donne peu mais c'est toujours mieux que rien »).
Parce qu'un peu d'attention, même dégueulasse, semble toujours plus nourrissant que le vide abyssal de l'ignorance ou de l'abandon.
Je le répète et je le hurle : **NON**.
Nous méritons tous, pour celles et ceux qui veulent s'épanouir en couple avec un autre humain, une relation qui nous respecte et nous aide à nous aimer.
Et une relation qui nous renvoie une image déplorable de nous ne peut pas être un endroit propice pour nous permettre de nous aimer.
Même quand nous sommes généreux, résilients, exceptionnels…
Cela ne signifie pas que l'autre en face de nous est médiocre, mauvais ou méchant.
Cela signifie que la relation qui a pris place entre nous et cet autre n'est pas un endroit fertile pour nous.
Il est de notre responsabilité de réparer notre cœur pour sortir de cette épreuve et quitter cette relation.
Je dis bien quitter la relation, pas la personne. Comme je l'ai expliqué au chapitre précédent.
La personne continuera son chemin. Nous la recroiserons peut-être un jour.
C'est la relation qui existe entre nous qui s'éteint.
Pour notre bien et celui de l'amour.
Quand nous avons réparé ce cœur et qu'il s'est réveillé, nous découvrons donc cette palette d'émotions pour nous aider.

Nous avons compris comment distinguer l'émotion de la réaction.
Pour autant, certaines réactions vont subsister.
Je peux donner mon exemple personnel pour illustrer : lorsque certaines personnes à qui j'ai donné accès à mon cœur (mes enfants, un ami très proche ou un homme que j'aime, par exemple) ont un comportement qui appuie sur une vieille blessure, il m'arrive encore d'avoir une « réaction » émotionnelle puissante.
Cependant, autrefois, cette réaction était immense, démesurée, incompréhensible, et détruisait autant mes relations à ceux que j'aimais que mon estime de soi.
Aujourd'hui, je comprends presque instantanément ce qui se joue dans mon système émotionnel.
Alors je prends le temps de choisir les mots pour expliquer à l'autre.
Afin que, s'il le désire, il puisse progressivement ajuster certains comportements en raison de mes besoins.
Et cela, ce n'est pas changer l'autre. Car je ne demande rien. Si ce n'est « pardon » parfois.
C'est la différence entre les épreuves 6 et 7 et toutes les autres.

Comment reconnaître cette épreuve ?

Lorsque nous sommes encore dans les épreuves de souffrances terribles, nous projetons notre souffrance sur les autres.
Car l'autre est un miroir de nous. Dans ce que nous aimons comme dans ce que nous détestons. Je reprends cette réflexion dans la conclusion de ce livre.

Il s'agit du quadrant de Daniel Ofman* : ce que j'admire chez quelqu'un m'attire. Car j'en manque et j'aimerais le développer en moi. En revanche, si je ne le développe pas et que l'autre, lui, augmente ce trait de personnalité en lui, alors je vais commencer à le détester. Il m'énerve. L'écart devient trop grand… et l'autre me renvoie mon insuffisance, ma faiblesse, ma faille à travailler. Ce qui est fort inconfortable.

Lorsque le cœur est coincé dans une épreuve qui l'empêche de s'éveiller, il voit encore l'autre comme quelque chose d'extérieur à lui. Exactement comme le jeune enfant qui regarde un miroir et son reflet dedans pour la première fois. Il ne sait pas qui est cet autre…

Et regarder un reflet qui ne nous plaît pas sans savoir que c'est un reflet de soi, c'est parfois tellement insoutenable que l'on fuit ce miroir ou que l'on ressent l'envie de le briser, n'est-ce pas ?

Nous préférons les miroirs qui nous avantagent, nous amincissent. Les filtres qui nous donnent bonne mine ou la peau lisse.

Les algorithmes des GAFA l'ont d'ailleurs compris et privilégient nos goûts admis et l'entre-soi.

Malheureusement, je ne suis pas sûre que cela soit réellement « bon » pour nous.

Nous confondons trop souvent ce qui est bon et ce qui est agréable.

---

* Un coach néerlandais qui a conçu ce quadrant en 1992 en partant du principe que nous sommes tous nés avec des qualités fondamentales. Chacune de ces qualités a son piège, son défi et son allergie.

C'est pour cela que tant de gens ont du mal à donner ou recevoir un retour négatif qui serait pourtant si constructif et utile parfois.
Nous préférons la flatterie.
Personne ne dira « j'adore l'hypocrisie », mais combien d'entre nous seraient capables de dire à quelqu'un ce qu'ils pensent qu'il pourrait améliorer s'il le leur demandait ?
(Hors de question bien entendu de donner notre vision à quelqu'un qui ne la sollicite pas !)
Ce que je cherche à souligner ici, c'est que le cœur souffrant attend du miroir qu'il apaise cette souffrance. Ou qu'elle s'en aille.
Donc souvent, il cherche à déformer le miroir, le changer, quitte à lui faire mal parfois si le miroir qu'il a en face est coincé dans la dépendance…
Car le cœur dépendant cherchera, lui, absolument à s'adapter. Donc il attend ensuite de son miroir qu'il lui dise « Ça y est, tu es la perfection absolue à mes yeux », ce qui bien entendu n'arrive jamais…
Ou bien, dans quelques cas douloureux, il cherche à combattre et briser le miroir, reflet de la violence et de la haine qu'il a pour lui.
Cette métaphore aidera, je l'espère, à concrétiser ma vision de nos relations toxiques, sujet si abstrait et complexe à décrire.
Lorsque notre cœur a pris conscience, est sorti de ces épreuves et a compris que l'autre n'est pas seulement un miroir mais aussi une entité humaine, un cœur singulier et une source potentielle d'évolution, de découvertes et d'apprentissages, alors selon moi, le « vrai » jeu commence.

Car nous comprenons que ce qui fait mal dans le miroir n'est pas la faute de l'autre ou de la relation, mais simplement quelque chose qui se joue *en nous*.
Il nous appartient de cesser de fuir ou de contourner. De prendre nos responsabilités pour ajuster, apaiser, améliorer… Bref, d'AIMER cette part de nous qui ne s'aime pas encore assez.
Et nous cessons d'en vouloir à l'autre pour ce qu'il n'est pas. Notre amour pour cet autre peut alors grandir encore.
Notre cœur a donc un pied dans cette épreuve quand il ne cherche plus à changer l'autre. Quand il ne cherche plus absolument à « rencontrer quelqu'un » quand il vit une expérience de célibat. Quand il est capable de se connecter pleinement à lui-même quand une émotion l'effleure ou l'affecte.
Il a les deux pieds dans cette épreuve quand il reconnaît les schémas des épreuves passées lorsqu'ils se présentent devant lui et qu'il parvient à dire « non merci » et à couper le cercle vicieux pour explorer une autre voie.
Il est consciemment dans l'expérimentation d'autres voies.
Voici une nouvelle métaphore que j'emploie souvent avec mes clients : j'explique que selon moi, le changement pour sortir de l'épreuve passe par une porte qui s'ouvre en se tirant vers l'intérieur.
Réparer son cœur, c'est avant tout un grand nettoyage.
Ce ménage permet de désencombrer les stocks de souvenirs/armures/croyances désuètes qui nous empêchent d'ouvrir la porte.
Cet espace a également un autre effet vertueux : celui de permettre la prise de recul face à l'autre, l'événement ou le contexte.

Il permet de laisser l'extérieur être.
Sans pour autant qu'il *entre* en nous.

Quels sont les pires dangers de cette épreuve ?

Ici, ce sont davantage pour moi des « mises en garde » que des dangers.
Des écueils qui pourraient nous faire un peu digresser et auxquels nous prêterons attention si nous sommes attachés à gagner un maximum de temps.

1. Se comparer et vouloir aller trop vite

Souvenons-nous que nous sommes uniques. Nous avons nos vécus, nos ancêtres, nos singularités. La seule comparaison fertile est la comparaison à notre Nous d'hier. Pour ancrer pas à pas notre évolution et nous assurer que nous avançons dans la direction que nous voulons.
Prenons le temps de contempler le changement.

2. Vouloir « réveiller » l'autre

Il peut être frustrant de vivre éveillés avec les yeux grands ouverts, entourés de gens aveugles qui, de surcroît, nous semblent bornés.
Souvenons-nous que l'autre a son rythme, ses goûts, ses priorités.
Que ce qui nous semble fabuleux ne le concerne peut-être pas même à moitié et que souvent, c'est notre partie Sauveur (la part de nous qui veut aider les autres parce qu'il pense que nous serons mieux aimés si nous le faisons) qui parle.

Remercions-le et revenons à cet apprentissage de l'amour inconditionnel : accueillir l'autre sans aucune volonté de le changer.

3. Prendre une voie sans issue ou rater une voie potentielle

Nous risquons une voie sans issue lorsque nous aimons l'autre par-delà nous-mêmes au point de maintenir une relation avec lui parce qu'elle lui fait du bien à lui, en dépit du fait qu'elle nous fait du mal à nous.

Revenons alors un peu à l'égoïsme : nous ne pouvons bien aimer que si nous nous aimons et nous respectons.

Ce que vivra l'autre si nous le quittons lui appartient à cent pour cent. Lâchons ici encore notre partie Sauveur et laissons l'autre responsable de ses émotions.

Nous risquons, à l'inverse, de rater une voie potentielle lorsque nous voulons contrôler la vitesse de progression d'une relation.

Une intelligence bien faite aux manettes peut nous amener, sans conscience, à vouloir tirer sur l'herbe pour qu'elle pousse plus vite.

On voit le résultat de la recette avant même d'avoir assemblé tous les ingrédients !

Apaisons notre intellect fulgurant et notre instinct joyeux pour revenir à la douceur du moment et laisser ainsi à la relation (et à l'autre) le temps de prendre aussi ses ajustements et ses repères dans la relation.

Comment sortir plus vite de cette épreuve ?

Je ne crois pas qu'il faille absolument sortir *vite* de cette épreuve. Mais plutôt *à son rythme*.
Certaines personnes apprennent le piano en vingt et un jours, d'autres auront encore envie de prendre des cours quinze ans plus tard.
Il en est de même avec le vélo, une langue étrangère, un art quel qu'il soit.
Un jour, on m'a demandé : « Vous travaillez avec des *clients* ou avec des *patients* ? »
Je me souviens d'avoir répondu : « Des clients. Car ils sont souvent impatients. »
Je devine l'impatience immense des humains à vouloir déjà être au bout du chemin.
Je sais aussi la souffrance qui amène souvent à ce sentiment d'urgence.
Et je me réjouis immensément de la joie que vont ressentir toutes celles et ceux qui vont entrer dans l'ultime épreuve (la vulnérabilité) et savourer bientôt l'ajustement au quotidien.
Je crois cependant que la connaissance acquise par notre cœur dans cette épreuve-ci mérite d'être solide et digérée, pour notre bien.
Pour augmenter notre patience, purifier notre foie nous aidera. Car c'est l'organe qui digère la colère. Quand nous l'apaisons, nous devenons plus souples émotionnellement. Et plus doux.
Si on m'avait dit il y a quelques années qu'un jour je serais capable de pleurer à nouveau… et sans me juger.

Que je serais capable de regarder chaque part de moi et de l'accepter telle qu'elle est, après parfois m'être dit : « Ouh là, tu ne l'aimes pas beaucoup, cette part de toi. »
Que je serais capable de regarder l'autre et de me dire : « Tu ne sais pas encore où cette relation te mène, et alors, est-ce vraiment si important que ça ? »
J'aurais ri jaune.
J'étais à des années-lumière de cette paix intérieure.
Je ne raconte pas cela pour me vanter de quoi que ce soit. Je n'ai aucune idée de ce que je vais avoir à vivre demain. Et peut-être que ce sera effroyable. Je n'en sais rien.
Il y a des matins où plein de peurs cognent dans ma tête et cherchent à entrer dans mon cœur. Je me demande si je ne suis pas un imposteur.
Parce que je suis juste un humain.
Alors j'accueille le petit moulin qui tourne en boucle et le loup noir qui prend sa grosse voix. Ils s'activent généralement quand je *pense* à demain.
Lorsque je *suis* juste dans aujourd'hui, je vais bien.
Je savoure maintenant. En sachant d'où je viens.
Et je partage cela avec humilité et transparence pour une seule raison : inviter chacun de nous à accueillir la part impatiente qui s'excite à l'intérieur et apprendre à l'aimer.
La laisser être et la remercier, pour l'apaiser.
Parce qu'en prenant soin de faire fleurir tous les secrets de ce livre dans notre cœur et de les arroser chaque jour de douceur, je suis confiante pour nous : tout ira bien.
Souvenons-nous de ceci : tout ira bien à la fin.
Tant que ça ne va pas bien, c'est que ce n'est pas encore la fin.

Je propose malgré tout deux clés que je pense utiles pour rendre cette étape plus légère et augmenter notre patience et notre sérénité :

1. Lors de certains ateliers sur la confiance en soi que j'anime pour des demandeurs d'emploi, je propose cet exercice.

Je demande à chacun s'il veut bien sortir dans la rue, choisir un inconnu au hasard et lui dire : « Tu es un incapable. Tu es lent, tu ne fais pas les choses bien, secoue-toi, tu devrais t'y prendre autrement. »

Évidemment, quasiment tout le monde refuse de jouer à mon exercice.

Alors je leur demande : « Combien d'entre vous se parlent ainsi à eux-mêmes ? »

Généralement, tout le monde rit ou regarde ses chaussures…

Je le partage ici pour nous inviter à nous traiter au moins aussi bien que nous traiterions un inconnu.

2. Ancrons en nous, grâce à l'espace libre et vide créé dans notre cœur et qui permet la prise de hauteur sur les choses et les événements, la maxime de Marc-Aurèle :

> ***« Trouve le courage de changer les choses que tu peux,***
>
> ***La sérénité d'accepter celles que tu ne peux pas changer***
>
> ***Et la sagesse d'en connaître la différence. »***

Face à ce qui nous offense, nous perturbe, nous déséquilibre, interrogeons-nous : « Est-ce en mon pouvoir de changer les choses ? »

Voilà pourquoi de grands sages expliquent que le bonheur est d'apprendre à danser sous la pluie. Car nous ne pouvons pas changer la pluie en soleil.

Nous ne pouvons pas changer l'autre.

Évidemment que nos choix et nos vibrations (voir l'échelle de Hawkins p. 141) influencent ceux qui nous entourent. C'est la raison pour laquelle plus nous vibrons sur une fréquence élevée vers la paix et la joie, moins nous sommes perméables aux fréquences basses des personnes qui entretiennent leur cœur dans la souffrance, bloquées dans une relation toxique avec elle-même et parfois aussi avec d'autres.

Pour autant, une des règles que l'on apprend lorsque l'on se forme à l'énergétique est l'interdiction de faire un soin, même à distance, à quelqu'un qui ne le veut pas.

De la même manière qu'en coaching, l'une des règles fondamentales est : « Quand il n'y a pas de demande, il n'y a pas de demande. »

Car chacun est libre et responsable de son chemin.

Chacun choisit ses croyances et choisit d'entretenir des relations qui le maintiendront dans ces croyances-là ou bien d'oser des relations qui l'aideront à en découvrir d'autres.

Aussi, face à une relation avec un être aussi merveilleux soit-il, qui nous confronte à un sentiment profondément douloureux en nous, nous avons toujours le choix : accepter ou partir.

L'option d'attendre que l'autre change, je ne la suggère pas.

Si notre cœur s'accroche à cette fausse troisième option, invitons-le à lire ce livre une nouvelle fois dans quelque temps.

Secret fondamental à retenir de cette épreuve

Équilibrer la patience et l'impatience. Les deux font du bien.
Différencier ce qui dépend de nous et ce qui ne dépend pas de nous.
La sagesse est dans cette différence.
Lorsque nous nous concentrons sur ce qui dépend de nous, la Paix revient.

CHAPITRE 7

L'épreuve du cœur vulnérable ou la relation vraie

**« Voir, entendre, aimer.
La vie est un cadeau dont je défais les ficelles
chaque matin, au réveil. »**

Christian Bobin

J'ai découvert il y a peu le « dilemme du hérisson », parabole du philosophe Schopenhauer sur la complexité des relations.

J'aimerais le partager ici pour illustrer l'épreuve de la relation vraie.

Car à mon sens, même si elle semble l'épreuve ultime et le Graal pour certains, la vulnérabilité n'en demeure pas moins une épreuve. Au sens de défi.

Car la vulnérabilité positive (si je puis l'appeler ainsi) implique l'équilibre. Et l'équilibre dans le cœur, c'est comme l'équilibre à vélo : si tu arrêtes de bouger, tu tombes.

Alors c'est génial de rouler enfin sans les petites roues derrière et sans tous les freins actionnés à l'avant !

Cependant, pour avancer sans tomber ni se faire mal, il faut maintenir l'équilibre.

Le dilemme des hérissons

Par un jour de grand froid, ils se sont blottis les uns contre les autres. Cela leur a permis d'éviter de geler. Malheureusement, ils sentaient les piquants des uns et des autres, ce qui les poussait ensuite à se séparer de nouveau.
Ils étaient donc coincés entre deux maux. Il leur fallait trouver la bonne distance pour se tolérer.

Schopenhauer était probablement aussi pessimiste que je suis optimiste.
Lui définissait le bonheur dans une solitude entourée de chiens et d'art. Car il considérait la société et « l'autre » comme une source de désagréments et d'ennuis.
J'aime bien mieux l'approche d'Elizabeth Gilbert* dans *Eat Pray Love.*
Cette dernière explique que « les hérissons qui avaient appris à produire leur propre chaleur étaient capables de se tenir à la distance la plus sûre des autres, ce qui ne signifiait pas nécessairement vivre une vie d'isolement, mais simplement ne pas s'empaler sur d'autres personnes ».
Certains d'entre nous ont une sensibilité dans le cœur qui les amènera à avoir besoin de créer beaucoup de chaleur en eux afin de réduire leurs besoins d'interaction.

* Romancière américaine née en 1969 auteure de *Mange, prie, aime. La quête spirituelle d'une femme à travers l'Italie, l'Inde et l'Indonésie*, Calmann-Lévy, 2008.

Schopenhauer disait par ailleurs qu'« en règle générale, on peut dire que la sociabilité d'un homme est presque inversement proportionnelle à sa valeur intellectuelle ».
Je fuis les « règles générales », pour autant je partage ici avec vous ce point de vue car nombre de mes clients à la sensibilité hyperdéveloppée ou au potentiel intellectuel atypique se sont souvent réfugiés dans leurs pensées et dans leur monde intérieur.
Ils ont tellement souffert des interactions douloureuses avec les autres et le monde extérieur qu'ils ont fini par élaborer la croyance qu'ils étaient « inadaptés » ou que les relations humaines étaient des terrains minés pour eux.
Et, comme je l'explique dans différents chapitres ci-avant, notre croyance forge, ou au moins modifie, notre perception du monde, de l'autre et de nous-mêmes.
Car la perception n'a rien à voir avec le réel.
La perception, c'est ce que nous retenons du réel une fois passé par le filtre de notre esprit.
C'est ainsi, comme évoqué au chapitre 5, que lorsque nous sommes tristes ou fatigués, nous percevons les obstacles comme des dangers ou des menaces.
Tandis que lorsque nous sommes dans une énergie joyeuse et élevée, nous percevons ces mêmes obstacles comme de potentielles opportunités.
Aussi, un être sensible et atypique au cerveau bouillonnant percevra sa capacité différemment selon son état d'esprit.
C'est ainsi que j'ai rencontré des êtres incroyables, abîmés par la vie et les relations, coincés dans des roues de pensées anxiogènes. Ils se demandaient si la solitude n'était pas la seule solution.

Pourtant, s'ils venaient me voir pour apprendre à apaiser leur cœur, c'était bien qu'une autre voix leur susurrait aussi l'inverse à l'intérieur.

Et qu'ils avaient décidé d'écouter ce murmure plutôt que le brouhaha extérieur.

Ils rejoignaient alors, souvent très rapidement, le camp de leurs semblables heureux.

D'autres êtres humains uniques et atypiques qui ont décidé de mettre leurs potentiels singuliers au service de leur joie et se sont aperçus qu'ils trouvaient bien davantage de sens à leur vie en partageant (voire en transmettant) avec autrui.

Il n'y a donc pas de règle ni de loi dans ce domaine-là.

Il appartient à chacun de choisir entre construire le meilleur possible par-delà le pire ou considérer que le meilleur possible réside dans l'éviction du pire.

À 13 ans, j'ai vécu du harcèlement scolaire terrible pendant toute une année.

J'étais haïe, jugée, pointée du doigt, humiliée par tout le collège dans lequel j'étais.

Parce que j'avais refusé de sortir avec un garçon.

En réalité, j'avais juste peur.

Mais plein de filles, jalouses de me savoir désirée par ce garçon qui leur plaisait, avaient élaboré plein de rumeurs cruelles à mon sujet.

Afin de détourner ce garçon de moi, ce qui avait fini par fonctionner.

On me disait lesbienne, autiste, anormale... J'étais le centre de toutes les moqueries dans les classes et personne ne me parlait.

Les enfants peuvent être d'une terrible méchanceté.

Heureusement, à l'époque, ma meilleure amie (qui l'est toujours aujourd'hui) était dans un autre établissement scolaire et n'avait pas été exposée à toutes les infamies à mon sujet. J'ose croire que quand bien même ça aurait été le cas, elle aurait su s'en détacher.
Mon journal intime était si noir que, des années plus tard, je l'ai brûlé.
Une citation que j'avais lue, et qui résonnait si fort en moi que je me la remémore encore, disait ceci :

> ***« Il n'y a pas de plus effrayante rencontre que celle de la jeunesse et du désespoir. »***

Cette rencontre, je la vivais tous les jours, du matin au soir.
C'est la seule partie de ma vie où j'ai connu de longues et envahissantes pensées suicidaires. Mais c'était suffisamment fort et sombre pour que je m'autorise parfois aujourd'hui à imaginer, ne serait-ce que de loin, ce que traversent les personnes qui disent vouloir mourir.
Je ne crois pas que l'on veuille mourir en vrai.
Jamais.
En réalité, je crois que tout ce que nous voulons, c'est ne plus souffrir.
C'est trouver un sens à la vie. Nous sentir habités, connectés.
Apprendre à nous aimer tels que nous sommes.
Pour ma plus grande bénédiction, mon année de souffrance était l'année de la troisième si bien qu'à la rentrée au lycée, j'ai changé d'établissement.
Car malgré la souffrance qui occupait mon esprit, j'étais douée pour l'apprentissage et j'avais été éduquée à la discipline dès mon plus jeune âge.

Alors je n'ai pas eu à redoubler.
Et au lycée, mes relations ont changé du tout au tout.
Contrainte de rejoindre un établissement privé catholique par ma mère, j'y suis arrivée drapée dans mon costume de rebelle. J'exagérais presque mon authenticité, pleinement à l'aise à l'idée de ne pas plaire puisque je m'en étais fait une raison.
Ce fut donc assez déstabilisant de m'apercevoir que, malgré mon abnégation à fuir les autres, j'étais extrêmement populaire !
Depuis, j'ai intégré ce secret que j'ai partagé ici avec vous maintes fois.
L'attraction augmente chez celui qui ne la recherche pas.
Pourquoi ?
Parce qu'il ne vibre pas le besoin. Il vibre l'autonomie.
Et il n'y a rien de plus magnétique que quelqu'un qui n'a pas « besoin » d'autrui.
Pourquoi ?
Parce que le besoin vient avec l'attente. Et **dans nos relations humaines, l'attente se transforme vite en exigence**. Même si c'est un non-dit.
Aussi, quand nous vibrons l'insécurité, le manque ou la frustration, nous ne sommes pas magnétiques aux relations vraies.
Nous nous engouffrons dans des relations « conditionnées ».
C'est aussi la raison pour laquelle, à mon sens, certaines relations s'éteignent.
Qu'elles soient amicales ou amoureuses.
Si l'un des membres de la relation évolue et grandit en lui dans la réparation de ses blessures enfouies, mais que

l'autre « stagne », alors la relation devient impossible à poursuivre.
Certaines relations n'ont pour seule mission que de nous faire grandir. Si nous n'évoluons pas harmonieusement ensemble, plus rien ne la justifie.
Si, en revanche, nous évoluons harmonieusement mais dans des directions différentes, la relation pourra alors se transformer en une autre relation.
C'est ainsi que certains amis peuvent devenir des amants, ou inversement.
Mais revenons à mes années lycée.
Mon intention était avant tout d'illustrer combien ma dernière année au collège a ancré en moi la conviction que le rejet des autres était mortel.
La conviction, c'est une croyance que l'on a éprouvée par des faits dans le réel. On l'a vécue, alors on en érige une vérité.
C'est tout aussi dangereux.
C'est d'ailleurs la base du racisme et de la haine que certains humains cultivent pour d'autres humains.
Car dans ces situations, par raccourci et par raisonnement empirique, on généralise.
C'est une sorte d'instinct de survie.
Et quand il s'agit d'expérience de rejet, ce phénomène est pire.
Nous portons tous, je dis bien tous, une peur terrible du rejet en nous.
Car nos ancêtres vivaient dans des civilisations où le rejet signifiait « l'exclusion du clan », donc la mort assurée.
Si bien que si nous passions une IRM de nos cerveaux au moment où nous nous faisons insulter par exemple, nous verrions que les zones qui s'activent sont les mêmes que

celles qui se déclenchent en cas de coups physiques provoquant une douleur dans le corps.

Pour notre système nerveux, le rejet est un signal de danger de mort.

L'idée n'est pas de s'en défaire ni de désactiver les fonctions de survie de notre système, mais simplement de prendre conscience de ses limites.

Afin de n'être plus esclave de toutes ses émotions.

La peur, particulièrement, étant la plupart du temps fondée sur des stimuli irrationnels.

J'ai donc gardé en moi de longues années la certitude que la désapprobation et le rejet de l'autre représentaient un danger pour moi.

Puisque, par contraste, le fait d'être admirée voire adulée au lycée avait changé drastiquement mon niveau de confort émotionnel.

Cela m'a conduit, comme nombre d'entre nous, à une longue quête de reconnaissance à l'extérieur et, paradoxalement, à perdre l'authenticité que j'avais acquise.

Grâce à toutes les épreuves vécues par mon cœur, j'ai découvert le secret de l'authenticité et j'ai cherché à retrouver mes singularités.

Puis tous les secrets que je partage ici.

À la fin de l'épreuve de l'éveil, j'étais persuadée d'avoir compris.

J'étais fière de ma sensibilité, épanouie dans ma singularité et à l'aise avec l'autre autant qu'avec la solitude, avec le couple autant qu'avec le célibat.

Pour autant, je m'apprêtais à prendre une mauvaise voie.

En effet, mon intensité m'amenait à souvent vivre les expériences avec excès.

Je mettais certaines valeurs sur un piédestal, comme l'altruisme et la générosité.
Je croyais que je devais alors les vibrer 24 heures sur 24.
Après avoir longtemps associé la vulnérabilité à de la faiblesse ou de la fragilité, je faisais un grand écart. Un bond de 180 degrés.
Et j'érigeais la vulnérabilité en force, convaincue qu'elle était à elle seule l'ultime secret de ceux qui s'aiment pour de vrai.
Encore une fois, je me trompais.
La véritable sagesse, qui porte toutes les spiritualités, est l'art de rejoindre **l'équilibre**.
Le milieu.
Je m'imaginais que, enfin réparée, je pouvais ouvrir mon cœur en grand avec une pancarte qui aurait affiché : « Servez-vous, je suis réparée. »
Certainement portée par les images encensées de personnalités comme Lady Di, mère Teresa ou l'abbé Pierre*.
Je croyais que l'accomplissement émotionnel était d'entrer dans cette même lumière.
En mode : « Je suis tellement alignée que personne ne peut me désaligner. »
Ce que j'ai compris, et qui n'est que ma vision du monde, c'est que, même si ce n'est franchement pas sexy, l'accomplissement émotionnel qui permet des relations vraies, ce n'est pas le noir, mais ce n'est pas le blanc non plus.
C'est le gris.
Pour l'illustrer de manière plus jolie, je proposerai la métaphore de l'arc-en-ciel.

* Avant les récents scandales portants sur les agissements de l'abbé Pierre, révélés quelques mois avant l'écriture de ce livre.

J'explique souvent à mes clients que seule la pluie combinée au soleil donne un arc-en-ciel.
Ce qui signifie que le cœur vulnérable trouvera son équilibre dans une porte « entrouverte ».
L'un de mes mentors est un maître toltèque. Un « vrai », qui ne parle qu'espagnol.
Il a une force énergétique et une aura indescriptibles.
Je me rappelle, lorsqu'il m'a dit : « C'est à toi de trouver la sagesse de déterminer qui tu laisses entrer dans ton cœur. C'est un temple, ta responsabilité est de le préserver. »
La force de la vulnérabilité n'est donc pas de « transformer » l'autre.
Ça, c'est un résidu de notre partie « sauveur » qui pense encore devoir aider l'autre en entrant en relation avec lui.
La force de la vulnérabilité, à mon sens, est bien au-delà.
Elle réside dans la capacité à déterminer si la relation est vraie et à accueillir toutes les fois où elle ne l'est pas afin de la quitter ou de l'éviter.
L'altruisme n'est bon que si nous possédons la même dose d'égoïsme.
(La pluie et le soleil.)
Si nous acceptons d'être en relation avec tout le monde, alors nous ne respectons pas qui nous sommes, ni nos ressentis.
Ce serait aussi fou que de vouloir faire l'amour avec n'importe qui ou de s'obliger à manger de tout malgré nos goûts et nos allergies.
En revanche, la vulnérabilité nous permet de faire des choix :

- le choix de donner une partie de nous à quelqu'un en acceptant que, peut-être, ce quelqu'un n'en voudra pas. Et qu'il en a le droit ;

- le choix de dire non à une relation que nous avons longtemps crue « obligée » comme la relation à un parent, un frère ou une sœur ou même un enfant ;
- le choix de quitter une relation qui nous a épanouis et rendus heureux parce que nous nous y sentons désormais à l'étroit ;
- mais aussi le choix d'aimer au-delà de ce qui se voit.

J'entends par là l'amour sans relation.
Car le cœur vulnérable aime sans condition.
Et la relation est, parfois encore, une condition en elle-même pour certains d'entre nous.
Condition cachée dans des « si tu m'aimes, tu me donnes des nouvelles », par exemple.
L'amour inconditionnel sait s'épanouir dans le silence.
Jean-Jacques Goldman dit dans *Sache que je*, l'une de ses chansons, ceci : « Il y a une question dans "Je t'aime" qui demande "Et m'aimes-tu, toi ?" ».
Ressentir l'amour dans la vulnérabilité, c'est accueillir que l'amour ne se mérite pas et n'a pas besoin de *preuves*.
Je lis souvent qu'il vaut mieux des actes que des mots et que l'amour se prouve.
Vraiment ?
Pour qui ? Pour quoi ?
Ces preuves ne seront-elles pas à nouveau soumises au filtre de nos croyances, de nos attentes et de nos interprétations ?
Et si l'amour, c'était accepter d'aimer ou d'être aimé **au-delà de la relation** ?
Exactement comme cet amour que nous développons parfois instinctivement pour nos chers défunts.

Aimer quelqu'un inconditionnellement, c'est le laisser libre de n'être pas en relation avec nous.
C'est le laisser libre de savoir ce qui est bon pour lui, même si son choix nous heurte ou nous fait mal.
Aimer avec vulnérabilité, c'est justement accepter que, parfois, aimer fait mal.
« Avoir mal est inévitable, souffrir est un choix », dit un proverbe bouddhiste.
Lorsque nous ressassons une rupture, une histoire passée, nous revenons dans l'ego. Dans ce « moi » qui croit savoir ce qui devrait être et ce qui serait parfait.
Nous nous complaisons alors dans une souffrance que nous nous sommes nous-mêmes fabriquée.
Avoir mal, c'est reconnaître les émotions de tristesse et de peur qui nous traversent sans les laisser s'installer. Les observer, les écouter.
Aimer la part de nous qui a mal. Sans la vouloir « plus » ou « moins ».
Le secret de la vulnérabilité, c'est l'acceptation de ce qui est.
Trop longtemps j'ai cru que la solution à mes souffrances était la compréhension de leurs causes.
Quelle perte de temps et d'énergie.
La paix est dans l'acceptation de ce qui est, afin de faire confiance à la vie.
Aimer inconditionnellement ne rend pas insensible au mal. Puisque le cœur vulnérable accepte le mal comme condition intrinsèque du bien (l'arc-en-ciel).
C'est la première force secrète de la vulnérabilité d'un cœur qui aime *pour de vrai*.
La deuxième force secrète vient du fait qu'aimer inconditionnellement rend imperméable à la souffrance.

Même lorsque nous sommes « quittés ».
Même lorsque nous quittons quelqu'un que nous aimons.
Et ce, principalement pour deux raisons.

La première, c'est que nous comprenons que ce n'est pas nous que l'autre quitte.
Ce n'est pas l'autre que nous quittons.
C'est la *relation* qu'il avait avec nous. La relation que nous avions avec lui.
Nous, notre être, nos valeurs, nos singularités, *nous* sommes toujours nous. Nous sommes toujours entiers, beaux et lumineux.
Avec ou sans l'autre.
Ce n'est pas parce que cet autre que nous aimons choisit de développer une autre « relation » que la personne avec laquelle il vit cette relation est *mieux que nous*.
C'est simplement qu'aujourd'hui, la relation qu'ils créent entre eux est *mieux pour lui*.
Nous l'acceptons avec sérénité comme une évolution.
Elle ne nous enlève rien.
La fin d'une relation est le début d'une autre. Puisque ce qui nous est destiné nous rejoindra. À son rythme et au meilleur moment qui soit.

La seconde raison, c'est que l'amour inconditionnel n'a pas besoin de relation pour vibrer.
Aimer l'autre inconditionnellement permet de se réjouir pour l'autre s'il s'épanouit hors de la relation qu'il a ou avait avec nous.
Aimer l'autre inconditionnellement, c'est accepter que nous ne sommes pas responsables de son bonheur comme il ne l'est pas du nôtre.

Que nous pouvons être heureux et épanouis chacun de notre côté sans lui manquer de respect et sans détruire une pseudo-loyauté.

L'amour inconditionnel est tellement grand qu'il rend libre en dedans.

Alors cette chaleur intérieure du hérisson, lorsqu'elle émane de l'amour inconditionnel, réchauffe énormément. Elle rend autonome. Apaisé.

Elle augmente la vibration.

Selon le Dr David Hawkins*, un cœur vibrant d'amour influe sur d'autres cœurs autour, juste par ce qu'il émet. Plus nous augmentons vers les vibrations en haut du tableau, plus notre chaleur s'élève.

Nous pouvons alors réchauffer des cœurs blessés sans risquer de les abîmer en les touchant trop près.

Pour autant, nous avons aussi le droit d'entrer en relation ! Simplement, notre porte intérieure s'ouvrira pour des cœurs qui ont cheminé comme le nôtre.

Afin de permettre à nos vulnérabilités de grandir encore plus loin, puisque nos blessures se sublimeront alors entre elles.

Pour faire écho à un philosophe moins sombre que Schopenhauer, je citerai à présent ici Aristote, qui disait : **« Aimer, c'est se réjouir. »**

* Psychiatre, physicien, chercheur et conférencier de renommée mondiale, le Dr David Hawkins a coécrit, avec le prix Nobel Linus Pauling, *Psychiatrie orthomoléculaire*, ouvrage qui permit de révolutionner le monde de la psychiatrie. Il a établi cette échelle des niveaux de conscience (l'échelle des consciences de Hawkins) qui permet, selon lui, de mesurer l'énergie vibratoire des pensées, des émotions et des états d'être.

Échelle de conscience de Hawkins

Niveau	Vibration	Émotion	Vue de la Vie
Illumination	700-1000	Indicible	La vie EST
Paix	600	Béatitude	Parfait
Joie	540	Sérénité	Complète
Amour	500	Respect	Bienveillante
Raison	400	Compréhension	La Vie a du sens
Acceptation	350	Pardon	Harmonieuse
Volonté	310	Optimisme	Pleine d'espoir
Neutralité	250	Confiance	Satisfaisante
Courage	200	Affirmation	Possible
Fierté	175	Mépris	Exigeante
Colère	150	Haine	Antagoniste
Désir	100	Envie	Décevante
Peur	75	Angoisse	Effrayante
Peine	50	Regret	Tragique
Apathie	30	Désespoir	Sans espoir
Culpabilité	30	Reproche	Malveillante
Honte	20	Humiliation	Misérable

Ou encore Spinoza, qui disait que l'amour est le désir de donner, non de recevoir. Ce désir de donner qui selon moi n'est réellement désintéressé et altruiste que lorsque nous nous sentons enfin complets par nous-mêmes, prêts à accueillir et découvrir l'autre tel qu'il est. Sans volonté de le changer et dans le simple élan de l'aider à satisfaire ses besoins, quand bien même ils seraient très éloignés des nôtres.

Être ainsi capables de prendre le temps d'aller à la rencontre des singularités de l'autre. Cesser de le vouloir comme nous. Cesser de vouloir qu'il nous comprenne. Cesser de vouloir le comprendre.

Et simplement se réjouir qu'il soit. Et le vouloir heureux.

Ne serait-ce pas la plus belle façon d'aimer que de se réjouir simplement que l'autre existe et soit heureux ?

Chercher alors à honorer ses besoins, parce que le profit (la joie) que nous retirons à le voir heureux est infiniment supérieur au coût de notre incompréhension ou de notre effort.

Cette épreuve est selon moi de loin la plus belle.

Et Spinoza disait par ailleurs dans *L'Éthique* que « tout ce qui est beau est difficile autant que rare ».

Tant d'humains blessés, coincés dans les épreuves passées, déclarent leur amour (mais en est-il ?) par des « je t'aime » qui implorent « appartiens-moi » et sont bien loin de la vulnérabilité.

André Comte-Sponville* invite extraordinairement bien à aimer dans un sens spinoziste.

Il suggère un « je t'aime » qui dirait : « Tu es la cause de ma joie, je me réjouis à l'idée que tu existes. »

* Philosophe français né à Paris en 1952 et auteur notamment du *Petit Traité des grandes vertus*.

Cet amour est inconditionnel et ne demande rien. Puisque l'existence de l'autre suffit à le convaincre et le satisfaire.
Cette épreuve de la vulnérabilité et de l'amour vrai ne sera pas tous les jours confortable pour autant.
Si la réflexion de Spinoza est pertinente, alors le beau n'est-il pas difficile ?
La vulnérabilité nous demandera de cultiver et de se remémorer les secrets révélés ici, avec discipline et amour pour nous-mêmes.
De les garder vivants et vibrants dans notre cœur.
Car ce que nous tenons pour acquis nous quitte.
Ce que nous tenons pour appris s'oublie.
La vulnérabilité se cultive dans le doute et l'humilité.
Quand nous en manquerons, nous repartirons sur les chemins des épreuves passées afin de réapprendre.
Évidemment, pas de dangers à partager ici quant à cette épreuve ni d'invitation à en sortir rapidement.

Comment profiter au mieux de cette épreuve ?

Là encore, il n'y va que de mon humble expérience. Je ne suis pas Bouddha et je n'ai pas atteint la sagesse divine. Je ne donne aucun enseignement ni conseil, je ne détiens aucune vérité. Je ne me prétends experte de rien, je suis simplement passionnée par le sujet des émotions, des relations, de l'amour.
Je fais d'ailleurs une parenthèse ici au sujet d'un phénomène qui porte un nom amusant : l'ultracrépidarianisme (oui, le mot est fou).

Un ami m'a fait découvrir ce mot pendant la pandémie de la Covid.
Beaucoup de gens, qui n'étaient ni médecins ni scientifiques, donnaient énormément de conseils, pleins d'aplomb. L'ultracrépidarianisme, c'est ça. Lorsque des gens ignorants sur un sujet en parlent comme des experts.
Car ce dont je me suis aperçue en commençant à m'intéresser au développement personnel il y a dix ans, c'est l'immensité de cette science ou de cette discipline, peu importe comment l'appeler. Lorsque nous commençons à apprivoiser un sujet, un autre apparaît, puis un autre revient tout remettre en question.
C'est passionnant de s'intéresser vraiment à quelque chose, que ce soit un art, une science, un sport... Car on s'aperçoit que plus l'on progresse, plus l'on se sent inculte ou débutant. Car on prend la mesure de tout ce qu'il nous reste à découvrir...
Alors quand j'entends des gens affirmer des choses, quel que soit le domaine, je reste toujours prudente.
J'approche les discussions avec une volonté d'apprendre de l'autre autant que de débattre. Comme en parle Nassim Nicholas Taleb* dans son livre *Le Cygne noir*, sur la puissance de l'imprévisible.
Nous avons beaucoup à apprendre de ceux qui en savent davantage que nous, nous avons beaucoup à grandir par ceux qui pensent différemment de nous, pour peu que leurs opinions soient construites et que leurs idées s'énoncent clairement.

* Écrivain et statisticien spécialisé en épistémologie des probabilités et praticien en mathématiques financières libano-américain, né en 1960. Il est également à l'origine du concept d'antifragilité.

Quand quelqu'un refuse de débattre avec nous sur un sujet sur lequel nos arguments sont pertinents et démontrés, c'est souvent qu'il ne possède pas sa pensée mais l'a adoptée de quelqu'un d'autre sans la réfléchir et la comprendre pour l'habiter.

En revanche, si quelqu'un m'affirme des choses que je ne crois pas vraies sans me les démontrer ni les argumenter mais simplement en utilisant des techniques de rhétorique comme en politique, je n'aime pas débattre et je ne réponds pas. Parce que ce serait sourd et inutile et que je n'aime pas perdre mon temps.

Faites bien entendu comme bon vous semble, simplement je vous invite à garder le cœur alerte et critique.

Même face à ce livre et tous les secrets que je vous ai confiés.

Ils ne sont que les miens.

À vous de les apprivoiser, de les singulariser, de les faire vôtres, ou bien de vous en affranchir s'ils ne vous semblent pas percutants.

Je partage néanmoins deux clés qui améliorent, pour moi, cette épreuve.

Et ce que je viens d'écrire juste au-dessus va prendre sens.

Voici le secret qui me permet, jour après jour et avec discipline, de rester sur mon chemin malgré bien des distractions relationnelles.

Lorsque nous nous comparons aux autres, nous nous détournons de nous-mêmes.

Lorsque nous avançons, avec ce cœur éveillé et vulnérable, nous restons des humains. Nous croiserons d'autres humains, sur leur propre chemin.

Nous serons parfois tentés de nous comparer.
Nous croiserons des êtres lumineux que nous admirerons.
D'autres que nous serons tentés de jalouser ou de critiquer.
Rappelons-nous : si nous envions ou que nous jalousons, c'est qu'une part de nous ne se sent pas capable de faire aussi bien.
Pardonnons-nous et aimons cette part de nous qui doute.
L'autre n'y est pour rien.
Il pourra être un moteur ou une lumière pour nous quand notre cœur se sentira à nouveau prêt à croire en lui-même.
Nous croiserons des êtres bien intentionnés mais dont le cœur est encore dans le jugement. Ils mettent encore souvent leur armure de sauveur. Ils voudront nous aider, car aider leur donne la sensation d'être utiles, donc de mériter d'être aimés.
(Quand nous ressentons cet empressement aussi, souvenons-nous de prendre de la hauteur et d'y voir le signal que notre cœur a peur de ne pas être aimé dans le silence, simplement pour qui il est...)
Face à ces humains qui sont souvent nos amis, accueillons les remarques avec prudence, au-delà de la vulnérabilité.
Par exemple, il m'est arrivé de recevoir des « si tu étais pleinement heureuse, tu ne boirais jamais d'alcool » ou des « si tu restes dans cette relation, c'est que tu n'es pas bien réparée ».
Parfois, ce n'est pas simple d'entendre l'avis de personnes que nous aimons, bien intentionnées, nous juger. Ou nous plaquer sur le visage leur modèle du monde à elles.
Surtout quand nous n'avons rien demandé.

Parfois même, nous ne les connaissons pas (c'est mon cas sur les réseaux sociaux, où des gens me jugent ou me conseillent, mais ne me connaissent pas).
La prise de recul que j'évoque au chapitre précédent permet de ne pas « réagir » : ni colère, ni rejet, ni soumission. Simplement se poser la question : « Y a-t-il du vrai dans ces propos que j'entends ? » et, surtout : « Quand cette personne me dit cela, elle parle de qui ? D'elle ou de moi ? »
Ainsi nous pouvons remercier la personne de partager son point de vue (car dans ce cas-ci, l'intention est bonne) même si au fond, on ne l'avait pas demandé, puis trier le bon grain de l'ivraie.
Nous croiserons des êtres jaloux de nous, pour les mêmes raisons que nous avons pu être jaloux aussi. Certains ressentiront la jalousie sans savoir mettre de mots dessus. Souvenons-nous, leur cœur est sûrement en train de se confronter à une épreuve. Nous les connaissons désormais.
Nous savons qu'ils ne savent pas encore qu'ils souffrent par le choix de leurs croyances et qu'ils subissent leurs blessures activées.
Alors offrons-leur toute notre **compassion**.
Mais pas notre attention.
Le piège est parfois de vouloir expliquer ou, pire, se justifier face à la critique ou la remarque qui nous déroute (dans le sens de « nous sort de notre route »).
Ne tombons pas dedans.
Voici un exemple personnel pour illustrer mon raisonnement et la manière dont il m'aide.
Je vous fais pleinement confiance pour l'approprier ensuite à votre histoire et à tout ce que vous apprenez à aimer encore dans vos parts d'ombre.

J'ai raconté dans le chapitre 2 combien mon armure, lors de ma création d'un système de défense, a activé le contrôle de mes dépenses financières.
Elle était liée notamment :

- à ma peur du manque, provoquée par l'insécurité ressentie en ayant des parents incapables de prendre soin d'eux ;
- à la croyance de mon cœur que je n'avais pas de valeur et que je pouvais dépenser de l'argent, mais seulement pour les autres ;
- à l'interdiction formelle de ma mère d'utiliser verbalement le mot « acheter » pendant mon adolescence (oui, ce mot l'écorchait).

Mais aussi à tout un héritage transgénérationnel.
En effet, j'ai grandi dans une famille protestante où l'argent était un sujet tabou.
Mes grands-parents maternels en avaient beaucoup, toutefois il s'agissait d'un patrimoine hérité, de génération en génération. Alors ce patrimoine « devait » continuer à se transmettre. Quitte à ce que chacun vive frugalement.
Je crois que dans leur système interne, dire que l'on payait l'impôt sur la fortune était presque un gros mot.
Alors tout le monde votait à gauche (en le criant fièrement à haute voix) parce que ça rachetait la *faute* d'en avoir trop à gauche.
Si on me pardonne le jeu de mots maladroit qui m'est venu pour le raconter ainsi.
Ma mère a souffert de difficultés financières quand j'étais enfant. Du moins c'est ce que j'ai ressenti. Parce que nous vivions très pauvrement.
Je suis incapable de savoir si nous l'étions vraiment ou si sa peur de manquer et sa loyauté inconsciente envers

l'injonction de frugalité malade héritée émotionnellement de son père dépassaient l'entendement.

Tous ces détails pour dire qu'aujourd'hui, sur ce sujet de la relation à l'argent, j'ai fait du chemin.

Investir (et sans compter) dans ma réparation émotionnelle m'a évidemment beaucoup aidée.

Je reste consciente qu'il me reste une immense marge d'amélioration.

Je continue d'investir (financièrement comme émotionnellement) en mon évolution.

J'ai encore à apprendre à investir dans mon plaisir fugace, celui qui n'amène pas toujours de retour sur investissement.

Si je suis capable de m'offrir un verre de très bon vin ou un voyage dans un bel hôtel face à l'océan, je continue de ressentir de la peur ou du jugement sur moi-même face à des dépenses inhabituelles ou qui me semblent mal optimisées.

Un coach m'avait demandé un jour de faire une énorme dépense inutile (des vêtements chers) pour me confronter à cette peur. Cela n'avait aucun sens pour moi et j'étais contente que ce coach ne soit pas *mon* coach, car j'ai trouvé sa suggestion très déplacée.

J'ai préféré écouter mon murmure interne et ne pas m'exécuter.

Je suis alignée en moi et j'accueille ces zones d'amélioration. Je prends le temps pour explorer *à mon rythme* et m'aimer au-delà des « imperfections ».

Lorsque nous sommes vulnérables, nous ne sommes pas parfaits pour autant !

Loin de moi l'idée de devenir un jour un de ces « coachs *Freedent** » qui dirait : « Faites comme moi, je suis parfaite » ou « Suivez-moi, je vais vous montrer. »
J'ai encore plein d'ambitions pour mon être et j'espère en avoir jusqu'à mon dernier instant.
Simplement, comme le disait Oscar Wilde, lorsque l'on s'aime soi-même, commence une histoire d'amour qui dure toute une vie.
Alors j'apprends à m'aimer comme je suis aujourd'hui. Là déjà, maintenant.
Cela n'empêche pas mon regard de dire « je peux faire mieux » et je ne me résigne pas à rester là où j'en suis en m'applaudissant chaudement.
Simplement je cultive la gratitude pour moi-même et mon chemin.
Car les autres ne voient que ce que je suis ou fais aujourd'hui.
Je suis la seule à savoir d'où je viens.
Il en est de même pour chacun de nous.
Alors apprenons à utiliser la comparaison d'une seule et unique façon : pour nous comparer à la version de nous d'hier et nous assurer que nous avançons.
Mon deuxième secret concerne l'attente.
Dans la vulnérabilité, nous ouvrons notre cœur. Et parfois, il émet, malgré lui, des attentes vers l'extérieur (nous sommes humains !).

* Je fais souvent ce clin d'œil, en référence aux publicités avec des gens parfaits, au sourire blanc éclatant. Pour moi, ces images sont du toc et du carton...

J'ai rappelé l'urgence de distinguer ce qui dépend de moi (les attentes que je peux remplir moi-même) de ce qui ne dépend pas de moi (mais uniquement de l'autre).
Quand nous exprimons avec vulnérabilité nos besoins à ceux que nous aimons, ils gardent la liberté de ne pas y répondre. Ou d'y répondre à leur façon.
Si nous imposions qu'il en soit autrement, ce ne serait plus une demande mais une exigence, voire une condition.
Alors parfois, nous ressentirons de la tristesse, de la colère ou de la peur face à notre besoin non satisfait ou notre demande non honorée.
Cette tristesse peut vite se transformer en frustration, en aigreur, en rancœur ou en ressentiment si nous l'enfouissons.
Car elle stagne au lieu de nous traverser.
Alors nous serons un jour tentés de la faire « payer » à l'autre, comme une dette qui plombe la relation.
Mon secret, c'est de me souvenir que la seule manière de n'être jamais déçu, c'est de n'avoir aucune attente.
Si je ressens de la déception, c'est donc que j'avais une attente dans la relation.
Je vais alors chercher à identifier laquelle. Et pourquoi j'étais un peu « rigide » sur ce besoin. Puis comment je peux m'apporter de la compassion à moi-même face à cette vulnérabilité.
Ainsi je ne suis pas en colère contre celui qui me déçoit. Car je sais que c'est moi qui lui offre l'immense pouvoir de me décevoir en ayant des attentes de lui.
Je vais ensuite m'interroger si cela se reproduit : « Ai-je envie de continuer à avoir des attentes dans cette relation ? »
Souvenons-nous, notre cœur est notre temple.

Ce que nous ressentons vient de ce que nous croyons, disait Gandhi.

Choisissons alors de croire :

- en notre capacité de nous épanouir dans nos relations

ET

- en notre responsabilité de *choisir* nos relations.

Secret fondamental à retenir de cette épreuve

Arrosons notre cœur de douceur, portons notre concentration sur notre joie et cultivons la chaleur dans notre temple intérieur.
En nous aimant nous-mêmes, nous accepterons inconditionnellement cet autre, exactement comme il vient.
Nous nous réjouirons de son existence et de son imperfection.
Nous ferons grandir l'amour plus fort chaque jour dans la générosité désintéressée, dans l'attention et l'effort que nous donnerons à cet autre, unique et différent de nous.
Puisque « celui qui diffère de moi, loin de me léser, m'enrichit », disait Antoine de Saint-Exupéry (*Pilote de guerre*).

CHAPITRE BONUS

Existe-t-il une épreuve spécifique aux personnes *atypiques* ?

J'ai décidé d'ajouter ce chapitre quelques jours à peine avant de rendre le manuscrit à mon éditrice.
À mon sens, cela méritera cependant un jour un livre entier.
Nombre des personnes que j'accompagne ont des « atypismes » à bien des égards.
Par « atypismes », j'entends des hauts potentiels, des sensibilités exceptionnelles et parfois aussi des perturbations cognitives dans la manière d'entrer en relation avec l'autre ou le monde.
Alors j'anticipe la question que certains lecteurs pourraient se poser (un jour) : « Moi qui ressens les gens, les choses, les émotions, si fort et si différemment, ai-je la capacité d'aimer sereinement et d'entrer dans une relation vulnérable (sans m'y écorcher) ? »
Encore une fois, je me garderai bien de parler du haut potentiel ou de l'hypersensibilité comme si j'en étais une experte. Il existe plein d'ouvrages plus aboutis et documentés que les quelques lignes que je vais écrire ci-après.

Simplement j'ai une double expérience du sujet.
Par mon vécu et mon ressenti personnel d'une part.
Mon haut potentiel a été identifié et validé par des tests seulement en 2021, le jour où j'ai ressenti le *besoin de savoir*.
Cela a clarifié beaucoup de choses pour moi de l'entendre et, surtout, de recevoir les résultats. Car ils m'ont été bien expliqués par le professionnel et mettaient en évidence pourquoi mon cerveau souffrait dans certaines situations ou relations. C'était pragmatique.
Certains systèmes invisibles ont besoin d'une nourriture spécifique. Le comprendre permet de mieux les entretenir !
Par mon vécu et mon ressenti professionnel d'autre part.
Je ne travaille qu'avec des gens qui m'ont « choisie » et, souvent, nous choisissons intuitivement de donner notre confiance à des personnes dans lesquelles nous nous reflétons plus facilement. De fait, j'ai accompagné et accompagne beaucoup de personnes à l'intelligence émotionnelle et relationnelle singulière.
Aussi je vais m'efforcer de clarifier ce que cette double expérience m'amène aujourd'hui à penser, afin de répondre de mon mieux à cette question existentielle et légitime qui peut s'inviter un jour en chacun de nous.
Je crois qu'il est précieux de distinguer complètement l'atypisme de la blessure émotionnelle.
Même s'il est permis de penser que certains atypismes se transmettent par hérédité ou que d'autres se créent en réaction à certains traumas.
Ce n'est pas la réponse à cela qui aidera. Pour ce qui est d'apaiser notre cœur dans le présent en tout cas.
Et je vais expliquer pourquoi.

Je suis convaincue (même si c'est improuvable) que le haut potentiel est comme une caisse de résonance qui va amplifier les effets de ce que nous vibrons émotionnellement.

C'est la raison pour laquelle des atypiques « heureux », apaisés et alignés en eux font preuve d'une positivité et d'une gratitude extraordinaires.

C'est également la raison qui peut expliquer que des atypiques dont la blessure d'abandon ou de rejet hurle terriblement développent des formes de dépendance affective ou d'hypercontrôle particulièrement sévères.

Aussi, évidemment, apaiser les blessures et réparer le cœur entraîne une grande différence notable dans la vie relationnelle d'un atypique. Car cela permet l'accès à une disponibilité émotionnelle qui était inimaginable auparavant.

Pour autant, au-delà de la blessure, il y a l'âme. Ou l'être, peu importe comment nous l'appelons.

Un de mes mentors me dit d'ailleurs souvent que « la souffrance, c'est l'âme qui crie ».

Et notre âme est unique. Elle a plein de singularités, de formes, de couleurs.

Sauf que celui ou celle qui a vécu des années avec des blessures actives qui manipulaient son système émotionnel a souvent développé ce fameux « faux self » dont j'ai déjà parlé. Ce masque ou cette armure, qui permet de s'adapter à ce que nous croyons que les autres attendent que nous soyons.

Comme le haut potentiel amplifie tout (je vulgarise comme je peux, pardonnez-moi de simplifier beaucoup), eh bien ce masque est extrêmement bien fait. Il « colle à la peau ».

Tellement bien que celui qui l'a créé peut finir par étouffer derrière sans pour autant être capable de le retirer.
Et ce qui est terrifiant alors, ce sont toutes ces injonctions à être authentiques ou spontanés que nous recevons lorsque nous tentons de partager notre mal-être autour de nous.
Ces « sois toi-même ! » ou « lâche un peu prise ! » que je déteste tellement !
Quand tu portes un masque depuis des années – voire des décennies – et que tu l'ajustes constamment avec génie, tu n'as aucune idée de « *qui* » tu es.
Aussi, dans ma vision du monde, aimer est parfaitement possible pour un être atypique. Je crois même qu'il est particulièrement et naturellement doué pour cela.
Pour autant, si des blessures invisibles crient en lui, il aura un chemin à emprunter pour trouver la paix dans cet amour qui l'envahit souvent.
Un chemin qui requerra tout d'abord de trouver l'humilité de demander de l'aide (ce n'est pas une faiblesse, bien au contraire), puis la capacité à écouter son intuition pour choisir le bon guide et lui faire confiance.
Un chemin qui passera ensuite par la nécessité de s'apprivoiser soi-même. Se découvrir.
Accepter et apprécier ses nombreuses singularités. Apprendre à en devenir fier pour les assumer. Appréhender ses limites et les accepter.
Les accepter permet de les respecter, de les faire respecter et, avec le temps, de les agrandir assez naturellement, dans la sérénité.
Puis, une fois les blessures cicatrisées, les croyances réalignées et les singularités authentifiées, ce chemin

croisera celui d'une personne parfaitement capable (et désireuse) de l'aimer exactement tel qu'il est.

Une intervention de Fabrice Luchini* que j'aime beaucoup met en exergue cette nécessité de se connaître et de s'aimer si l'on veut pouvoir aimer et comprendre l'autre. Les plus curieux la chercheront pour l'entendre ou la lire en entier.

En voici un extrait :

« Mon affection pour l'autre ne peut pas ne pas dépendre de ce que j'ai accepté d'aimer un peu en moi. Car si je ne connais rien du tout de moi et si je ne sais pas qui je suis, je vais être dans un tel état d'incertitudes, de non-présence, que je ne vais rien voir dans l'autre. Et, ici, la phrase de Nietzsche est admirable : "Je ne vais voir dans l'autre qu'une confirmation de moi, je vais l'utiliser, l'instrumentaliser, pour en faire un spectateur. Et non pas une rencontre." »

La bonne nouvelle, c'est que le chemin de la découverte de soi est infini. Une fois commencé, le cœur réparé de surcroît, nous pouvons alors avancer avec l'autre et apprendre, grâce à lui, à nous découvrir encore plus intensément et profondément.

C'est ainsi que beaucoup de personnes atypiques dont les histoires vécues dans le passé sont effroyablement redoutables, lorsqu'elles réparent leur cœur et s'autorisent à faire briller leur lumière singulière, parviennent à rejoindre des autoroutes vers l'amour et le succès.

---

* Acteur français né en 1951 à Paris. Extrait d'une interview pour l'émission *À voix nue* sur France Culture.

Conclusion

Lorsque j'ai partagé le titre de ce livre avec mes amis, certains m'ont demandé si je comptais parler des gens « qui s'aiment en couple » ou des gens « qui s'aiment eux-mêmes ».

La réponse est dans la question et dans l'ambiguïté voulue de ce titre.

Car dans ma vision du monde, le secret des couples qui s'aiment « vraiment » réside justement dans l'amour que chaque membre du couple se porte d'abord à lui-même.

Évidemment, la vie d'un couple est chahutée et l'amour qui l'unit, rarement linéaire.

Car, comme nous venons de le comprendre ensemble au travers de ce livre, notre cœur rencontre nombre d'épreuves qui l'amènent à douter de lui-même, à se rejeter, à s'abandonner et à se fuir. Autant de comportements qui nous poussent donc à en faire de même avec l'amour... et avec l'autre.

Cet « autre » qui n'est bien souvent que le reflet de ce que nous avons besoin de voir en nous-mêmes.

Aussi, si je devais partager ici un dernier secret, voici ce que je vous dirais.

Pendant longtemps, j'ai cru que je devais chercher quelqu'un qui me ressemblait.
Puis, sans grande innovation, j'ai cherché quelqu'un qui ressemblerait à mon père. Et enfin, j'ai souhaité un partenaire qui ne me ressemblerait guère mais qui me compléterait.
Dans toutes ces phases de vie, je rêvais d'une histoire d'amour qui m'apaiserait ou m'éclairerait. Pour me renvoyer l'idée que j'étais aimable, à la hauteur, formidable ou en tout cas particulière.
En réalité, je cherchais à l'extérieur une solution au vide abyssal que je ressentais à l'intérieur.
C'est ainsi que de grandes créations et innovations voient le jour.
Car les grands entrepreneurs, écrivains, philosophes, artistes ou chercheurs ont souvent d'immenses blessures en eux qui les amènent à vouloir étouffer les peurs qui les accompagnent en créant, en construisant, en réfléchissant.
Aider le monde est souvent la première voie que l'on prend en cherchant maladroitement à s'aider soi-même. Malheureusement, si beaucoup d'êtres exceptionnels sont capables de déplacer des montagnes pour révolutionner le monde, peu nombreux sont ceux qui trouveront l'audace de creuser quelques centimètres en eux.
Car entrer en soi est effrayant.
Qu'allons-nous y trouver ?
Combien de couches, combien d'horreurs, combien de chantiers inachevés ?
Pour autant, c'est une exploration que j'invite chaque humain désireux de vivre (et non de se contenter d'exister, comme le disait habilement Oscar Wilde) à oser.

Le jour où j'ai entrepris le chemin sinueux de la réparation de mon cœur, j'ai compris que toutes nos clés étaient déjà à l'intérieur.
Avec un bon professionnel pour nous guider, nous avançons plus sereinement et plus rapidement.
C'est donc bien plus fascinant qu'effrayant.
Notre cœur fonctionne comme toute demeure saine et solide : il demande que nous renforcions et réparions ses fondations.
Une fois en paix, alors il pourra **aimer *juste par amour***.
Aimer un autre juste pour qui il est.
Prendre le temps de découvrir ses singularités et l'apprivoiser.
Nous mélangerons alors nos envies et nos expériences aux siennes.
Nous n'aurons plus d'attentes impossibles à satisfaire, ni d'exigences-pièges dans lesquelles l'autre pourrait tomber malgré lui.
Commence ainsi une autre manière de vivre le couple.
Une expérience que je perçois comme un adroit et paradoxal mélange de légèreté et de profondeur.
La légèreté d'aimer sans rien attendre en retour et la profondeur d'ouvrir son cœur dans la générosité et la vulnérabilité.
Je ne crois pas que ce soit pour autant facile tous les jours.
Justement parce que nos cœurs ont souvent envie de retourner dans leurs méandres passés. Ceux dans lesquels ils ont vécu tellement d'années.
Cet inconfort connu et rassurant.
Où les vieux réflexes demandent à être identifiés et surmontés avec conscience et implication. Quotidiennement.

Si nous avons vidangé notre moteur, que notre véhicule est fin prêt pour rouler mais que chaque jour nous faisons le plein avec de la boue ou de la peinture et que nous ne nettoyons jamais les vitres... Nous imaginons bien la suite, n'est-ce pas ?

Il en va de même avec notre système émotionnel et relationnel.

Une pensée précieuse m'aide beaucoup à maintenir en moi la clarté, l'envie et la confiance pour continuer à explorer mon cœur et oser l'amour et les relations. La voici :

Me souvenir que ce que j'aime le plus en l'autre est ce que je porte et aime en moi de manière encore inexplorée parfois (ce qui m'aide à renforcer tant l'amour que j'ai pour l'autre que ma propre lumière), et que ce qui m'énerve chez l'autre reflète ce que je n'accepte pas encore en moi (ce qui m'aide à remercier l'autre de me montrer la voie vers ce qu'il me reste à explorer dans mon ombre).

Cette phrase est longue et méritera d'être relue plusieurs fois. J'ai grande confiance que vous parviendrez à déceler la vision que je souhaite y partager.

Les concepts d'ombre et de lumière faisant référence à C.G. Jung, ce psychiatre suisse dont j'aime beaucoup les métaphores et qui rappelait que nos branches s'élèvent vers le paradis lorsque nos racines acceptent de s'ancrer dans l'enfer.

Il disait avec beaucoup de justesse aussi que nous passons souvent la première partie de notre vie à escalader une échelle pour nous apercevoir, une fois en haut, que nous l'avions adossée au mauvais mur.

Je crois qu'il en est de même avec l'amour.

Nous passons une grande partie de notre vie à croire que nous savons.

Croire que nous savons ce que nous aimons, ce que nous cherchons, ce que nous voulons.

Puis à réaliser que nous n'avons été que la marionnette d'expériences héritées.

Nous nous sommes parfois appliqués à les reproduire ou les glorifier.

Nous avons, pour d'autres, mis notre détermination à construire exactement l'opposé.

Ces choix qui nous semblaient emplis de libre arbitre étaient en réalité contraints par tout ce que nous n'avions pas exploré en nous.

Car, comme le disait Mark Twain, pour le citer à nouveau, souvent, notre pire danger n'est pas ce que nous ignorons, c'est tout ce que nous croyons savoir et qui n'est pas vrai.

Pour proposer une nouvelle métaphore, je reprendrai celle de Pierre David*.

C'est comme si nous étions un cavalier sur son cheval. Un prince ou une princesse désireux de galoper dans l'expérience de la vie.

Notre esprit conscient, c'est le cavalier. Plein d'entrain et de rêves. Il croit qu'il maîtrise et qu'il guide.

Notre inconscient, c'est le cheval. Cette immense part invisible de nous, où se cachent nos héritages, nos expériences et nos blessures non cicatrisées.

Quoi que pense le cavalier, c'est le cheval qui impulse la vitesse, la confiance, l'énergie et la direction.

---

* Coach et préparateur mental de sportifs de haut niveau, auteur de *L'Identité gagnante. Le Secret du nouveau dopage légalisé*, 2020.

Seuls un cavalier et un cheval libres peuvent réellement faire équipe et décider ensemble de trouver leur chemin.
Cette liberté intérieure s'acquiert par la rencontre, l'acceptation et l'amour inconditionnel de nos blessures et de nos singularités.
Puis par le pardon à la version de nous du passé.
Pardon qui permettra la reconnaissance de nos apprentissages et de nos erreurs et l'accueil de nos peurs aux multiples visages.
Socrate disait : « Connais-toi toi-même. »
Je crois que c'est l'une des recommandations les plus sages de tous les temps.
C'est d'ailleurs la raison pour laquelle l'une des premières formations autonomes en ligne que j'ai créées porte sur la connaissance de nos potentiels atypiques et la découverte de nos besoins singuliers.
J'ajouterai cependant : « Puis aime-toi toi-même. »
Car dans ma vision du monde, la joie de vivre est démultipliée lorsqu'elle est partagée.
Si j'aime ma solitude, elle n'a de saveur que par le contraste et la diversité que m'offrent toutes les relations que j'ai plaisir à cultiver. Même si elles sont soigneusement triées sur le volet.
L'amour est la seule richesse, avec la connaissance, qui augmente quand nous la partageons.
Et augmenter la richesse rend joyeux.
La joie soutient une énergie haute, à l'instar de la gratitude.
Alors j'encourage tout humain désireux de s'épanouir à s'enrichir en donnant de l'amour autour de lui, tout en appréciant de recevoir l'amour d'autrui.

Or nous nous autorisons plus sereinement à aimer (et être aimés) lorsque nous nous aimons nous-mêmes.
L'amour de soi rend audacieux car nous accueillons la vulnérabilité.
Nous entrons dans un océan où les émotions deviennent des vagues que nous apprenons à surfer.
Nous découvrons que nous sommes alors capables d'aimer l'autre par-delà ses blessures et ses comportements lorsque nous *choisissons* de l'aimer.
Car aimer reste une décision.
Aimer n'est pas un verbe passif comme « tomber amoureux ».
Aimer est un verbe d'action autant qu'un verbe d'état.
Nous sommes l'amour, puis nous partageons, émettons, vibrons l'amour autour.
Aimer engage donc du travail, de la construction, de l'écoute, de la persévérance, de la rencontre, de la communication et, souvent aussi, patience et pardon.
Lorsque nous entreprenons le chemin de la liberté du cœur, ce sentier rocailleux, parfois ardu et si souvent époustouflant, nous découvrons que nous sommes capables de tout.
Du plus incroyable comme du plus fou.
Nous allons à la rencontre de nos potentiels, de nos ressources enfouies.
Nous nous affranchissons des loyautés désuètes que nous conservions pour les rêves de nos ancêtres et nous faisons de la place pour notre propre énergie.
Une énergie qui deviendra de plus en plus puissante en s'autorisant à être unique.
Une unicité qui n'est plus feinte et construite dans l'opposition.

Une unicité assumée, alignée entre ce que nous sommes et ce que nous aspirons à devenir.
Une unicité qui nous permet de construire une relation authentique et vraie avec nous-mêmes. Sans mensonges ni prétention. Sans faux-semblants, masques ni armures.
Une unicité souple, généreuse, qui épouse ce qu'Aristote appelait le *golden mean*.
Ce « juste milieu », ce terrain d'entente entre deux extrêmes : la carence et l'excès.
Une harmonie entre le rien et le tout, le vide et le plein, le sage et le fou.
Nous n'avons donc pas à chercher l'amour.
Chercher l'amour ou chercher quelqu'un est le reflet d'une peur, d'un manque, d'une volonté de contrôle et donc d'une épreuve qui se (re)joue.
Prenons-en vite conscience et revenons à nous.
Un de mes mentors disait : **« L'amour ne se cherche pas. Il nous trouve. »**
Et il nous trouve toujours au moment qui est le meilleur *pour* nous.
Pas le meilleur moment *selon* nous.
Car il est déjà partout.
Aussi, lorsque notre unicité s'autorise à être, elle émet une vibration.
Une vibration qui, par une loi d'attraction qui dépasse encore ma capacité d'entendement, attire à nous un autre être unique et parfaitement imparfait avec lequel notre cœur sentira cet élan (parfois timide, parfois serein, parfois doux ou effrayé) de cheminer.
Nous n'avons pas à savoir combien de temps durera la relation qui se crée ni comment l'amour saura y évoluer.

Nous n'avons pas à chercher à le prédire, le forcer ou, pire, le contrôler.
Nous avons simplement à le permettre.
Et le laisser être.
Car l'amour naît et grandit dans la liberté.
Alors si d'aventure nous étions tentés un jour de nous demander : *« Est-ce l'amour de notre vie ? »*, j'aurais envie de nous encourager à répondre : *« On s'en fout. »*
Le grand secret des gens qui s'aiment, c'est qu'ils sont bien trop occupés à vivre (et à aimer) pour se poser la question.
Ils s'aiment.
Parfois un peu, parfois beaucoup.

Ils s'aiment.

Et puis c'est tout.

❤

Pour aller plus loin avec Sarah...

Instagram
Sarah Jane Dehail – Garagiste Émotionnel
sarah_jane_dehail

LinkedIn
Sarah Dehail – Garagiste Émotionnel

Le site internet pour en savoir plus et découvrir le programme d'accompagnement :
www.sarahjanedehail.com

Les formations en ligne à suivre en autonomie :
https://legarage.sarahjanedehail.com

Les témoignages des anciens clients et les vidéos évoquées dans l'ouvrage :

sur la page YouTube : Sarah Jane Dehail

Et enfin, **pour écrire directement à Sarah** et partager avec elle ce que vous avez ressenti en lisant cet ouvrage, vous êtes chaleureusement invité à le faire par e-mail :

hello@sarahjanedehail.com